Sophia Ferré-Vuillard

I0407084

De l'Intuition à l'Action

Les 12 Clés
de la Reconversion
Professionnelle au Féminin

Polychromatic reflections Publishing

Code ISBN : 9798863586687
Marque éditoriale : Independently published
Couverture : Packer Nemo

Sommaire

Le crépuscule de l'indécision

L e crépuscule, cet instant où le ciel se pare de nuances dorées et mauves, hésitant entre le jour et la nuit, comme une femme au carrefour de sa vie, incertaine de la direction à prendre. Ce crépuscule est le symbole parfait de l'indécision que vivent tant de femmes face à leur carrière. Nous vivons à une époque sans précédent pour les femmes dans le monde professionnel. Jamais dans l'histoire il n'y a eu autant d'opportunités, et pourtant, jamais le chemin n'a semblé si labyrinthique. Le monde du travail est en pleine mutation, et avec lui, les règles du jeu changent. Le temps où l'on entrait dans une entreprise à vingt ans pour en ressortir à la retraite est révolu. Les emplois à vie s'effritent, laissant place à une culture de projets, de compétences et de changements constants. Qui parmi vous n'a jamais ressenti un frisson d'insatisfaction ou même une lueur d'incertitude en vous demandant : "Est-ce vraiment là où je souhaite être ?" L'envie de changer de carrière est souvent présentée comme une crise, un moment de faiblesse, ou pire, une fantaisie irréaliste. Mais ce désir ardent de transformation est loin d'être un caprice, c'est une quête, une aspiration profonde vers une vie qui résonne avec votre essence même.

La reconversion professionnelle, surtout pour les femmes, est un sujet qui mérite toute notre attention. Pourquoi ? Parce que, bien souvent, on vous a dit d'être raisonnables, de ne pas prendre de risques. Peut-être même vous êtes-vous enfermées dans des rôles et des responsabilités qui ne vous conviennent plus. Et même si la société a beaucoup évolué, les femmes doivent encore trop souvent jongler entre leurs multiples casquettes : celle de la professionnelle, de la mère, de la partenaire et même de la superwoman. À ce carrefour d'exigences et d'attentes, il est tout à fait naturel de vouloir reprendre le contrôle de votre vie professionnelle et, par extension, de votre destinée. Dans ce monde où les métiers disparaissent et apparaissent avec la cadence d'une valse à trois temps, l'importance de la réinvention personnelle et professionnelle ne saurait être sous-estimée. Le changement est inévitable ; il est la seule constante sur laquelle nous pouvons vraiment compter. Mais pour les femmes, cette problématique est plus complexe en raison des rôles multiples que la société nous assigne. Il s'agit de prendre une décision qui aura un impact non seulement sur notre propre vie, mais aussi sur celles des personnes qui nous entourent.

En cela, le sujet de la reconversion professionnelle au féminin est d'une importance capitale. Il ne s'agit pas simplement de choisir une nouvelle carrière, mais de se réapproprier son existence, de donner un nouveau souffle à ses ambitions et de redéfinir sa vision du succès et du bonheur. Le poids de cette décision est lourd, mais l'enjeu est grand : il s'agit de votre épanouissement, de votre bien-être et de votre vie.

Ce livre est une invitation à embrasser l'inattendu, à revoir ce qui est "soi-disant" établi et à redécouvrir votre propre narration. Pourquoi ? Parce que votre carrière n'est pas seulement un moyen de gagner sa vie, mais aussi une façon de vivre pleinement. Vous y découvrirez les douze clés, ou devrais-je dire les douze étoiles qui illumineront votre voie dans l'obscurité du doute. Ces points de repère sont conçus pour vous guider à travers les multiples facettes de la reconversion : formation, réseautage, soutien émotionnel, et bien plus encore. Ces pages vibreront du battement d'une aventure, celle de votre renaissance professionnelle. Parce que oui, il s'agit bien d'une renaissance. Et chaque renaissance commence par un premier souffle, une première action, une première étincelle de courage. Parfois, cette étincelle surgit d'une douleur, parfois d'un amour ou d'une curiosité insatiable. Qu'importe d'où elle provient, ce qui compte, c'est de la suivre.

Ce voyage, que vous l'entamiez par choix ou par nécessité, pourrait bien être celui qui vous mène à une existence plus authentique, plus riche et infiniment plus satisfaisante. Ce livre est votre premier pas vers cette nouvelle aube. Une aube où l'indécision n'a plus sa place, où chaque femme peut se lever et dire : "Ceci est qui je suis, ceci est ce que je veux, et je suis prête à le poursuivre".

Alors, prêtes à franchir ce seuil, vers l'aurore d'une vie nouvelle ?

Clé 1
La brise de l'auto-connaissance

Imaginez que vous vous trouvez à la proue d'un voilier solitaire, le visage baigné par une brise légère, vos yeux fixés sur l'horizon infini. C'est la brise de l'auto-connaissance, le premier souffle qui gonfle les voiles de votre aventure vers une reconversion professionnelle réussie. L'horizon lointain ? Votre vrai soi, celui que vous n'avez peut-être pas encore rencontré ou que vous avez laissé derrière vous, éclipsé par le tumulte de la vie. Mais comment aller à sa rencontre ? La mer peut être intimidante, et il est facile de rester coincée dans les eaux calmes de ce que vous croyez être, par peur de plonger dans les profondeurs inexplorées de qui vous pouvez être. Voilà la première quête : découvrir son soi authentique.

Dans cette odyssée, vos peurs, vos préjugés, et vos attentes sociétales font office de brouillard. Vous pouvez soit rester perdue dans ce flou, soit utiliser la lumière intérieure de la connaissance de soi pour le dissiper. Pour y parvenir, commencez par vous poser des questions simples mais puissantes. Qu'est-ce qui fait battre votre cœur plus fort ? Quelles activités vous font perdre la notion du temps ? Et surtout, qu'est-ce qui vous donnerait l'envie de vous lever le matin avec un sourire ? Réfléchissez à ces questions, pas comme une tâche à cocher, mais comme un chant de sirène vous invitant à vous éloigner des rives de l'habituel. Osez mettre par écrit vos pensées les plus sauvages, vos rêves les plus fous, et vos espoirs les plus doux. S'il le faut, parlez-en à une personne de confiance, quelqu'un qui peut être votre boussole dans ce voyage intérieur. Vous pourriez être surprise de découvrir que votre soi authentique a toujours été là, caché derrière le masque de "ce que je devrais faire" ou "ce qu'on attend de moi". Ce soi authentique n'est pas un luxe, c'est une nécessité, surtout dans une démarche de reconversion professionnelle. Il s'agit de votre ancre, celle qui vous maintient en place lorsque les vagues de l'incertitude se font menaçantes. Et, comme toute ancre digne de ce nom, elle doit être solide, bien définie et profondément enracinée dans le fond marin de votre identité.

Ne vous inquiétez pas si tout cela vous semble un peu vertigineux. L'important est de commencer. Chaque gorgée d'air frais que vous inspirez, chaque note dans un journal, chaque discussion avec une amie, sont des coups de pinceau qui ajoutent des détails à votre tableau intérieur. À la fin, ce que vous verrez sera un paysage étonnant de possibles, un soi authentique qui n'attend que vous pour naviguer vers une vie plus riche et plus épanouissante. En découvrant ce soi authentique, vous découvrez la carte qui vous guidera à travers les autres clés de ce voyage. Vous serez comme le marin qui connaît chaque recoin de son navire et sait exactement quand hisser la grand-voile ou quand prendre le gouvernail. C'est cette auto-connaissance qui vous donne l'assurance de naviguer même dans les eaux les plus troubles et incertaines. Alors respirez profondément, laissez cette brise de l'auto-connaissance vous effleurer et gonfler vos voiles.

Les voiles du voilier sont gonflées par la brise de l'auto-connaissance, et le navire glisse doucement sur l'eau scintillante. L'horizon est toujours là, bien sûr, mais entre ce point lointain et vous se trouve une mer parsemée d'îles. Certaines sont accueillantes, d'autres mystérieuses. Prenons un moment pour baisser la voile et jeter l'ancre près d'une de ces îles. Cette étape est cruciale, car pour avancer vers un avenir où vous vous épanouissez professionnellement, il vous faut comprendre ce qui alimente votre feu intérieur. Il ne s'agit pas seulement de "qu'est-ce que je veux ?", mais plutôt "pourquoi est-ce que je le veux ?". Ainsi, à chaque fois que vous atteignez une île, un désir, une motivation, creusez profondément pour découvrir son essence. Pensez à un archéologue passionné qui exhume un trésor longtemps enfoui. Lorsque vous tombez sur un désir, par exemple celui d'une carrière qui vous rend heureuse, demandez-vous : "Qu'est-ce qui, dans cette carrière, provoquera mon bonheur ? Est-ce la reconnaissance, la créativité, le bien-être d'autrui ?"

Oh, la mer est rusée ! Elle place parfois sur notre route des mirages, des illusions de désirs inspirés par la société, la famille, ou même la peur. "Devenir avocate parce que c'est bien vu", ou "poursuivre une carrière dans la finance parce que ça rassure maman et papa". Ces faux-semblants peuvent détourner notre navire de sa véritable destination. Évitez ces écueils en scrutant chaque île, chaque désir, avec l'œil critique de la sincérité. Avec chaque île explorée, avec chaque désir et motivation compris, votre carte se complète. Les brumes de l'incertitude se lèvent petit à petit pour laisser place à un itinéraire clair et précis. Cela ressemble à un merveilleux jeu de piste où chaque découverte vous rapproche un peu plus de ce trésor inestimable qu'est votre reconversion professionnelle réussie.

Vous vous rendrez compte que certains désirs sont comme des phares dans la nuit, d'autres comme des étoiles filantes. Certains seront des piliers solides sur lesquels vous pourrez construire votre nouvelle carrière, tandis que d'autres, bien que séduisants au premier abord, s'estomperont au profit de motivations plus profondes et durables. La mer de la vie est capricieuse, ses courants peuvent être imprévisibles, ses tempêtes violentes. Mais un marin avisé sait que ce n'est pas la mer qui définit son voyage ; c'est la façon dont il navigue qui importe. Comprendre vos motivations et vos désirs, c'est comme maîtriser les vents et les courants : cela vous donne le pouvoir de naviguer avec confiance et habileté, quelle que soit la météo.

Nous reprenons la mer sur notre voilier de reconversion, naviguant toujours sur cette mer d'opportunités. Vos voiles sont maintenant gonflées par la brise doublement enrichie : la connaissance de votre soi authentique et la compréhension de vos motivations et désirs. Vous commencez à percevoir le voile de la destinée se lever, et à entrevoir des silhouettes à l'horizon. Ce sont des îles plus discrètes, moins flamboyantes que les précédentes : les îles de vos compétences cachées. Ces îles sont les trésors dissimulés de votre carte marine, les joyaux moins évidents que vos talents évidents et vos expériences passées. Il s'agit de compétences que vous n'avez peut-être jamais cataloguées comme telles, des talents naturels que vous prenez pour acquis parce qu'ils font simplement partie de qui vous êtes. Mais c'est justement leur discrétion qui les rend si précieuses, si uniques. Elles sont votre essence en action, vos qualités cachées, vos compétences secrètes.

Jetez l'ancre et plongez dans ces eaux moins fréquentées. Imaginez que vous êtes une plongeuse à la recherche de perles, s'immergeant dans les profondeurs pour découvrir des joyaux cachés. Ces perles de compétences peuvent être aussi variées que la capacité à résoudre des problèmes, l'empathie, ou même le talent pour raconter des histoires qui captivent et inspirent les autres. Souvent, elles sont là, au fond de vous, enveloppées dans des coquilles d'habitudes, d'expériences antérieures ou de croyances limitantes. Ouvrez ces coquilles avec curiosité, et souvent vous y trouverez des perles de grande valeur. Chaque perle que vous découvrez est une compétence cachée qui mérite sa place au soleil. Ce sont les épices rares qui peuvent transformer un plat ordinaire en une expérience gastronomique. Dans le contexte de votre reconversion professionnelle, elles peuvent être le facteur X, ce petit quelque chose en plus qui vous différencie dans un marché du travail de plus en plus compétitif. Ne sous-estimez jamais le pouvoir d'une compétence cachée ; elle peut être la clé qui ouvre la porte à des opportunités inattendues.

Je vous entends déjà, vous demandant comment intégrer ces compétences cachées dans une reconversion professionnelle concrète. N'ayez crainte, c'est l'essence même de ce voilier qui vous transporte. Une fois que vous avez ces perles en main, il ne vous reste plus qu'à les enfiler dans le fil de votre vie, pour créer un collier d'opportunités professionnelles uniques et magnifiquement vous. Maintenant, sentez la brise se fortifier. Vos compétences cachées ont ajouté du poids et de la substance à vos voiles. Vous êtes non seulement guidée par vos valeurs et vos désirs, mais vous êtes aussi armée d'un trésor de talents uniques.

Au fur et à mesure que nous naviguons vers la prochaine île, celle où vous cartographierez vos valeurs essentielles, n'oubliez pas de jeter un coup d'œil aux compétences que vous venez de découvrir. Elles sont les constellations dans votre ciel nocturne, les repères qui vous guident à travers les eaux parfois troubles de la reconversion. Gardez-les à l'esprit et sachez que chaque compétence est un éclat d'étoile dans l'univers de votre potentiel.

Le vent nous est favorable et il est temps de sortir la dernière carte. La cartographie peut paraître ennuyeuse pour certaines, un rappel des cours de géographie de notre enfance. Pourtant, n'oubliez pas que chaque grande aventure, chaque grande reconversion, commence par un plan. Et dans notre cas, ce plan prend la forme d'une carte des valeurs essentielles qui guideront notre périple. Imaginez une vieille carte maritime, de celles que l'on verrait dans le bureau d'un capitaine de la marine d'antan. Dessus, des points cardinaux, des lignes de latitude et de longitude, des symboles de trésors et, bien sûr, des indications pour éviter les eaux dangereuses. Cette carte est l'allégorie de votre vie, de vos choix et, le plus important, de vos valeurs. Les valeurs sont les points cardinaux de cette carte ; elles définissent la direction à suivre et les routes à éviter.

Mais ici, nous n'utiliserons pas les points cardinaux traditionnels. Au lieu du Nord, du Sud, de l'Est et de l'Ouest, laissez-moi vous présenter les Vals. Chacun de ces Vals est comme une étoile dans le ciel, une lumière qui guide à travers l'obscurité des doutes et des incertitudes :

Valeur de l'Amour : Qui aimez-vous et qui vous aime en retour ? Quelles relations sont si précieuses qu'elles pourraient définir un aspect de votre nouvelle voie ?

Valeur du Labeur : Quel genre de travail rend votre cœur léger et vos journées pleines de sens ? Est-ce un travail d'équipe, ou bien un labeur solitaire mais gratifiant ?

Valeur de l'Engagement Social : Quels sont les problèmes sociaux qui vous animent, qui mettent le feu à votre âme ? Est-ce l'éducation, la santé, la justice ?

Valeur de la Liberté : Dans quelle mesure la liberté est-elle cruciale pour vous ? Liberté de mouvement, liberté d'expression, ou peut-être la liberté de simplement être soi-même ?

Pensez à ces valeurs comme à des étoiles qui composent votre propre Grande Ourse, une constellation que seul vous pouvez voir, mais qui guide vos actions et vos choix comme aucune autre. Si vous les suivez fidèlement, il sera rare que vous vous égariez. Attrapez un crayon et commencez à dessiner ces valeurs sur la carte de votre vie. Notez leurs coordonnées, dessinez les voies maritimes qui les relient, placez des drapeaux là où elles sont les plus puissantes. Ce sont les piliers sur lesquels votre nouvelle carrière sera bâtie. Elles sont la boussole émotionnelle qui vous aidera à naviguer à travers les eaux parfois tumultueuses du changement. N'ayez pas peur de griffonner, de raturer, de recommencer. Cette carte est un organisme vivant ; elle évolue à mesure que vous évoluez. Et chaque fois que vous la consultez, vous y trouverez des réponses, des indices et des directions.

Clé 2
L'océan des possibilités

Nous voilà donc au large, sur cet Océan des Possibilités, un vaste plan d'eau, miroitant sous le soleil d'or et d'argent. Imaginez que votre voilier, maintenant poussé par le vent de l'auto-connaissance, est équipé d'un sonar puissant, qui peut détecter les reliefs cachés de ce monde liquide. Ce sonar, c'est votre esprit ouvert, votre curiosité sans limites, votre insatiable soif de savoir. Il est temps de l'allumer et de voir ce qu'il révèle :

Les Baies du Connexe sont les domaines proches de votre ancienne carrière ou de vos hobbies actuels. Parfois, nous négligeons les chemins familiers en pensant que le changement radical est la seule voie. Mais des gemmes peuvent être cachées dans ces baies. Peut-être un hobby peut-il devenir une nouvelle voie lucrative ? Peut-être un talent oublié attend-il sa réactivation pour briller ?

Les Îles Exotiques de l'Inconnu sont des terrains totalement étrangers à vous. Qui sait, la programmation, la pâtisserie ou la photographie pourraient être vos futures passions ? Le courage sera votre gouvernail pour explorer ces territoires inconnus.

Le Golfe du Partenariat, là où d'autres navires voguent, avec des personnes ayant des compétences et des talents complémentaires aux vôtres. Il ne s'agit pas uniquement d'explorer en solitaire, mais de voir où une collaboration pourrait enrichir votre voyage.

Le Lagon de la Polyvalence est ce monde en perpétuelle mutation, savoir un peu de tout peut être un atout inestimable. Ce n'est pas tant la profondeur de votre expertise, mais la largeur de votre savoir qui fera de vous un véritable explorateur des temps modernes.

Les eaux sont profondes et les courants imprévisibles. Mais le sonar est là, révélant des opportunités et des chemins cachés, chacun correspondant à une couche de votre propre essence, reflétant vos valeurs et vos désirs, cartographiés précédemment. Et ici, dans cette mer sans fin, chaque décision compte. Chaque exploration renforce vos muscles mentaux, chaque prise de risque vous rend plus intrépide, chaque échec est une leçon gravée sur la coque de votre vaisseau. Mais ne croyez pas que vous devez suivre chaque route tracée par ce sonar. Le véritable art est dans le choix, dans la reconnaissance de ce qui résonne avec le battement intérieur de votre cœur. Le sonar ne fait que révéler les voies ; c'est vous qui décidez lesquelles valent la peine d'être suivies.

Armez-vous de votre courage, pointez votre lunette d'approche vers l'horizon et choisissez votre prochaine destination. Peut-être y découvrirez-vous des terres inconnues, peuplées de créatures étranges et merveilleuses, et de paysages d'une beauté à couper le souffle. Ou peut-être que ce sera une île déserte, une étape nécessaire pour se retrouver soi-même. Dans tous les cas, c'est vous qui tenez la barre, vous qui choisissez où mettre les voiles. Le vent de l'auto-connaissance souffle toujours !

L'Océan des Possibilités est décidément plein de mystères. Avez-vous déjà remarqué qu'à la surface de ces eaux profondes, il y a des objets flottants ? Des bouteilles avec des messages à l'intérieur, des épaves anciennes, des coffres aux trésors non réclamés. Ces objets mystérieux sont les opportunités méconnues, souvent négligées parce qu'elles semblent moins brillantes ou plus risquées que les sirènes séduisantes de l'habituel et du connu. C'est comme s'aventurer dans les cavernes sous-marines à la recherche de perles. Elles ne sont pas toujours apparentes, mais quand on les trouve, quelle récompense ! Plongeons ici, armées de nos lampes torches d'investigation et nos scaphandres de courage :

Les Joyaux des Souterrains sont parfois des opportunités qui se cachent dans des milieux où vous ne penseriez jamais les chercher. Vous savez, ces endroits impopulaires ou étranges que la plupart des gens préfèrent éviter. Mais ces "coins sombres" peuvent aussi être le refuge d'opportunités authentiques, qui sont là parce qu'elles ont été négligées par ceux qui suivent les chemins établis.

Les Perles des Profondeurs, ici, on parle de ce qui nécessite une spécialisation, une expertise rare. Il y a des carrières et des niches où peu de personnes osent s'aventurer, parce qu'elles demandent des compétences spécifiques ou sont simplement inconnues. Devenir une experte dans un tel domaine peut vous apporter non seulement une reconnaissance mais aussi des opportunités financières inattendues.

La Couronne des Risques Calculés ; il est facile de se jeter à l'eau sans réfléchir, mais les vrais trésors sont souvent protégés par des obstacles. La peur du risque peut parfois nous retenir, mais n'oubliez pas que chaque risque calculé est une opportunité de grandir, d'apprendre et finalement, de triompher.

L'Arc-en-Mer des Connexions sont les opportunités méconnues pouvant également venir d'autres personnes, souvent quand on s'y attend le moins. Parfois, une conversation informelle, une nouvelle amitié ou même un commentaire bien placé dans une réunion peuvent ouvrir des portes que vous n'imaginiez même pas. Gardez vos antennes sociales en alerte, et n'hésitez pas à tendre la perche quand l'occasion se présente.

Lorsque vous naviguez sur l'Océan des Possibilités, n'oubliez pas d'étudier ces objets flottants mystérieux, ces indices laissés par le destin, la chance ou les générations précédentes. Certaines de ces opportunités pourraient être des épaves, bien sûr, mais d'autres pourraient être des trésors inestimables, attendant d'être découverts par une navigatrice audacieuse comme vous. Prenez vos lampes, enfilez vos scaphandres et plongez dans les eaux méconnues de ce monde fascinant. Vous pourriez y trouver des trésors qui dépassent l'imagination, des opportunités qui peuvent changer non seulement votre vie mais aussi celles des autres. Quelle belle façon de vivre que celle d'une chercheuse de trésors intrépides dans cet Océan des Possibilités sans fin !

Vous remontez à bord du navire agile, faisant voile sur cet Océan des Possibilités. Soudain, le vent se lève, portant avec lui des murmures, des idées préconçues, des stéréotypes qui, comme des vagues agitées, cherchent à vous dérouter. Ce sont des sirènes de stéréotypes, chantant des hymnes toxiques de limitation et de préjugés. Mais nous avons un antidote : notre propre boussole interne, capable de nous guider à travers ces courants trompeurs :

On vous a dit que vous êtes une femme, donc certaines routes maritimes vous sont interdites ? Quelle ineptie !

L'Océan des Possibilités ne connaît pas de genre. Vous êtes peut-être une femme dans un monde d'hommes, mais rappelez-vous, les océans n'appartiennent à personne. C'est à vous de briser ces chaînes de clichés, ces amarres qui vous retiennent, pour explorer librement.

À vous qui avez suivi un certain itinéraire toute votre vie parce que c'est ce qu'on vous a dit de faire, je vous implore de réexaminer votre carte. Les cartes de la vie, souvent dessinées par d'autres, sont remplies de stéréotypes. L'aventurière en vous devrait oser dessiner sa propre carte, basée sur sa propre boussole, son propre sens de la direction.

Vous vous demandez peut-être : "Est-ce que je suis trop vieille ou trop jeune pour prendre un nouveau cap ?" Mais qui a dit que l'âge est un obstacle ? Dans notre périple maritime, l'expérience est aussi précieuse que la jeunesse. Les vagues du temps ne peuvent pas vous arrêter. Prenez garde de ces eaux trouble uses ; elles ne sont que des illusions.

Vous savez, dans la mer d'uniformité, le fait d'être différent est votre étoile polaire. Elle vous rend unique, elle vous fait briller. C'est cet éclat qui vous distingue, qui attire les autres vers vous. Alors, ne laissez pas les stéréotypes obscurcir votre lumière. Naviguez fièrement sous l'étoile de votre propre individualité.

N'oubliez pas que tout vent contraire peut être un allié si vous savez comment ajuster vos voiles. Un défi n'est jamais une fin ; c'est plutôt un appel à l'aventure, une opportunité d'apprendre et de grandir. Vous êtes le capitaine de votre propre navire, et ces vagues de stéréotypes ne sont que des obstacles à surmonter sur votre voyage à travers cet Océan des Possibilités. Et que les stéréotypes bruissent dans le vent si cela les amuse, car vous, vous avez une boussole plus fidèle : votre vrai moi, votre propre vérité. Et avec cela en main, aucun courant, aucune vague, aucun ouragan de préjugés ne peut vous empêcher de naviguer là où votre cœur vous porte. Avancez vers l'horizon qui vous attend ! Prenez la barre et tracez votre propre voie dans cette mer mystérieuse, car c'est en naviguant contre les stéréotypes que vous trouverez les terres les plus fertiles et les trésors les plus précieux.

Imaginez-vous maintenant en pleine nuit sur l'Océan des Possibilités. La mer est une énigme sombre, presque comme un tableau noir sans les étoiles. Votre navire glisse en douceur, mais l'obscurité est un lourd manteau qui pèse sur vous. Que faire dans cet abysse d'incertitude ? Juste au moment où vous commencez à douter, à vous demander si vous êtes perdue, voilà qu'apparaissent... les phares dans la nuit.

Ces phares, ce sont les mentors, les modèles, les personnes qui ont navigué avant vous et ont laissé des signaux, des conseils précieux. Ce ne sont pas nécessairement des icônes publiques ; parfois, ce sont des personnes dans votre propre entourage. Leur lumière est le produit de leur sagesse, le reflet de leurs erreurs et de leurs succès.

N'oublions pas l'importance de l'espoir. Un phare est une tour de possibilités, illuminant des chemins que vous n'auriez peut-être pas vus autrement. Et bien souvent, cette lumière vous rappelle que même dans les moments les plus sombres, il y a des options, des voies alternatives que vous n'avez pas encore explorées. L'espoir est un levier puissant.

Les Repères Inattendus : Vous savez, un phare n'est pas toujours là où on l'attend. Parfois, les révélations les plus précieuses viennent de sources surprenantes : un article lu au hasard, une conversation avec un étranger, un rêve étrange, un moment d'intuition pure. Gardez vos yeux et votre esprit grands ouverts ; vous ne savez jamais où vous pourrez trouver votre prochain point de repère.

Le phare le plus important est celui qui se trouve en vous. Vous pouvez collecter toutes les cartes maritimes, écouter tous les vieux loups de mer, mais si vous ne savez pas comment allumer votre propre phare intérieur, vous risquez de vous égarer. La confiance en soi est cette lumière intérieure qui vous permet de décoder les signaux extérieurs, de prendre des décisions éclairées, de devenir votre propre gardien silencieux pour les autres. Les phares existent aussi pour vous rappeler des écueils, des dangers cachés sous la surface. Ils ne sont pas là pour éliminer les risques, mais pour vous aider à naviguer à travers eux. Et c'est souvent au milieu des écueils que l'on trouve les perles les plus précieuses, n'est-ce pas ?

Lorsque vous vous sentez perdues ou désemparées dans cet Océan des Possibilités, cherchez les phares dans la nuit. Ils sont vos guides, vos éclaireurs, vos signaux pour poursuivre votre quête. Et même si la nuit est longue et le chemin incertain, rappelez-vous que chaque lumière que vous voyez peut être une promesse, une aurore à l'horizon de votre nouveau départ. Les phares n'illuminent pas seulement votre chemin ; ils éclairent aussi votre âme, ces facettes cachées qui ne demandent qu'à briller.

Clé 3
L'étincelle émotionnelle

Laissez-moi vous emmener dans une forêt mystérieuse, une toile complexe d'arbres et de mystères. Chaque arbre est une émotion, des géants centenaires de joie, de colère, de tristesse, et bien sûr, de passion et d'intuition. L'air est imprégné d'une énergie électrique, celle de l'émotion, ce guide souvent incompris dans la prise de décisions, surtout quand il s'agit de reconversion professionnelle. Imaginez maintenant un nœud au cœur de cette forêt, un point où tous les sentiers de votre vie se croisent. Vous vous trouvez là, dans cet éclairage doux et surnaturel que seules les forêts enchantées peuvent offrir, à vous demander quel chemin prendre. Votre cœur palpite, une symphonie de notes et de rythmes émotionnels qui chantent en harmonie ou en dissonance avec les choix devant vous.

Le dilemme est ardu. Prendre un chemin sécurisé et bien balisé, ou s'aventurer dans les sous-bois obscurs de l'inconnu ? Voilà où le pouvoir des émotions devient vital. Les émotions ne sont pas des fardeaux à rejeter ou à ignorer ; elles sont des boussoles. Elles pointent vers ce qui compte vraiment pour vous, vers ce qui fait battre votre cœur un peu plus fort ou crée une lueur d'excitation dans vos yeux. Il serait facile de rejeter ces signaux émotionnels comme étant trop "irrationnels" ou "imprévisibles". Après tout, dans une culture qui valorise souvent la raison au détriment de tout le reste, écouter ses émotions peut sembler contre-intuitif. Mais n'oubliez pas que cette forêt émotionnelle est le foyer de vos désirs les plus profonds et de vos valeurs les plus sacrées.

Ignorer ces guides naturels, c'est comme choisir de marcher à l'aveugle dans une forêt dense et complexe.

Mais voilà que le sol sous vos pieds vibre doucement, comme si la forêt elle-même vous encourageait à prendre une décision. À cet instant, vous ressentez une poussée d'énergie, une montée d'adrénaline. Votre intuition, cette vieille amie fidèle, vous chuchote à l'oreille. Elle n'utilise pas des mots, mais des sensations, des pulsions qui traversent votre corps et vous font frissonner d'excitation ou frémir de réticence. Vous suivez cette poussée, cette émotion vive et pétillante qui vous guide. Vous avancez sur le sentier qui, jusqu'à ce moment, était enveloppé dans le mystère. Et à mesure que vous marchez, la lumière se fait plus brillante, plus accueillante. Vous réalisez que cette forêt émotionnelle n'est pas un labyrinthe dans lequel on se perd, mais plutôt un réseau complexe de signaux, tous conçus pour vous guider vers une vie plus riche, plus authentique.

Les émotions ne sont pas des obstacles sur notre chemin, mais des alliés. Elles sont des guides vers notre propre vérité, des interprètes de notre propre langage intérieur. Elles apportent couleur et éclat à notre quête, nous rappelant constamment ce qui en vaut vraiment la peine. Ne les négligez pas dans vos prises de décision. Car, dans cette forêt mystérieuse de la vie, votre cœur sait souvent le chemin à prendre, bien avant que votre esprit ne commence à comprendre les raisons.

Imaginez maintenant, à la lisière de la forêt, une montagne escarpée devant vous, dont le sommet est dissimulé par un épais brouillard. Les rochers sont vos doutes, les falaises abruptes, les angoisses qui menacent de vous faire chuter dans l'abîme du découragement. Chaque pas est une épreuve, un exercice de foi en soi-même et en ses rêves. Surmonter les doutes dans une reconversion professionnelle est une ascension qui nécessite bien plus que de simples compétences techniques ; il s'agit de naviguer à travers un paysage mental parsemé d'embûches émotionnelles.

Alors que vous commencez votre escalade, les roches sous vos pieds semblent glisser, comme pour vous mettre en garde contre les dangers qui vous guettent. Vous ressentez ce frisson familier de l'incertitude, ce doute qui surgit telle une brume épaisse, obscurcissant votre vision du sommet. Les "et si" vous assaillent : "Et si je fais le mauvais choix ?", "Et si je n'ai pas ce qu'il faut ?", "Et si je regrette tout cela ?" Tenez bon ! Car ce moment est crucial. Comprenez que le doute n'est pas nécessairement un ennemi à éradiquer, mais plutôt un conseiller à écouter. Votre doute a ses propres mérites, ses propres leçons à vous enseigner. C'est comme un vent de montagne qui, bien que glacial, vous rappelle de rester alerte, de ne pas prendre votre quête à la légère. Mais, quelle surprise, à votre droite, vous apercevez une crevasse, un abri naturel qui vous offre un moment de répit. Vous vous y réfugiez, prenant un instant pour réfléchir. Et c'est alors que vous réalisez : ce ne sont pas vos compétences ou vos talents qui vous manquent, mais votre confiance en vous. Vous vous rappelez des autres montagnes que vous avez grimpées dans votre vie, des obstacles que vous avez surmontés, des leçons que vous avez apprises. Cela ressemble presque à un éclair d'intuition, une brève lueur de clarté qui dissipe le brouillard du doute.

Ragaillardi, vous reprenez votre ascension. Vous êtes déterminé à ne pas laisser le doute dicter le rythme de votre voyage. Vous embrassez le défi, en étant conscient des risques mais non dissuadé par eux. Car c'est dans ces moments de lutte, dans cette interaction avec vos propres incertitudes, que vous découvrez vos vraies forces. Chaque rocher escaladé, chaque obstacle surmonté, n'est pas seulement une victoire sur la montagne, mais aussi une victoire sur vous-même. Finalement, vous atteignez le sommet. L'air est frais, presque piquant, mais il vous revigore. Vous jetez un œil vers le bas, vers le chemin que vous avez parcouru, et comprenez que les doutes que vous avez eu ne sont rien comparés à la satisfaction d'avoir persévéré, d'avoir été fidèle à votre quête, malgré les incertitudes.

Les doutes ne sont que des jalons sur le chemin de la réalisation de soi. Ils vous rappellent que le voyage vaut la peine, que chaque décision prise en dépit de l'incertitude est un triomphe de l'esprit humain. Le doute n'est pas l'opposé de la foi, mais plutôt son complément. Il nous met au défi, nous incite à puiser plus profondément dans nos réservoirs de courage et de résilience. Vous voilà donc plus fort, plus sage, et, surtout, plus proche de la personne que vous aspirez à devenir.

Lors de vos débuts en tant qu'apprentie du monde professionnel, votre passion était un feu brillant et chaleureux, illuminant votre monde intérieur, éclipsant les ténèbres de l'incertitude. Mais avec le temps, ce feu est devenu plus petit, plus maîtrisé, presque une flamme vacillante au cœur d'un paysage gelé de doutes et de responsabilités. Les factures à payer, les relations à maintenir, les to-do lists à cocher ; tous ces fardeaux ont pris leur tribut, réduisant votre feu intérieur à quelques étincelles fugitives. Mais que se passe-t-il quand on souffle sur une étincelle ? Elle s'enflamme, se propageant rapidement pour réveiller le feu qui sommeille à l'intérieur. Voilà le secret : votre passion n'a jamais vraiment disparu ; elle attendait simplement le souffle adéquat pour se rallumer.

Et pourtant, ce n'est pas si facile, n'est-ce pas ? Vous pourriez dire, "Mais je ne sais même pas ce qui me passionne vraiment !" Ce n'est pas rare. Mais la quête pour redécouvrir votre passion est comme chercher des trésors cachés dans un jardin abandonné. Vous devez fouiller, creuser, peut-être même se salir un peu, mais oh, le plaisir de la découverte en vaut la peine. Peut-être que votre passion réside dans la beauté d'un tableau bien conçu, ou dans le dédale des chiffres et des équations. Ou peut-être est-ce le doux murmure des mots dans un livre, ou l'adrénaline d'un défi bien réussi. Quelle que soit cette passion, elle est le carburant de votre âme, l'élixir magique qui donne du sens à votre quête. Il vous faudra peut-être du temps pour la retrouver, mais une fois que vous l'aurez fait, elle sera comme une vieille amie, chaleureuse et accueillante, prête à vous guider sur votre chemin.

Alors, comment rallumer cette flamme, vous demandez-vous ? Le premier pas est toujours le plus difficile. C'est un acte de courage, une déclaration d'indépendance contre l'inertie de la vie quotidienne. Cela peut être aussi simple que de prendre un pinceau et de peindre, même si vous n'avez pas touché à une toile depuis des années. Ou d'écrire une page de journal, laissant vos pensées s'écouler comme un ruisseau sans fin. Ou encore, de dire "oui" à une opportunité qui vous fait peur mais vous excite aussi. C'est dans ces moments d'action, aussi petits soient-ils, que vous sentirez la première chaleur de la flamme renaissante. Ce feu réveillé a le pouvoir de transformer non seulement votre travail mais toute votre vie. Imaginez une existence où chaque matin est un nouveau jour d'excitation, où chaque défi est une aventure, où chaque moment est une étape dans votre voyage vers une meilleure version de vous-même. C'est ce que la passion peut faire. Elle peut rendre le trivial extraordinaire, le banal exceptionnel, et le difficile tout à fait surmontable.

Réveiller votre passion est comme nourrir un feu de camp. Elle a besoin de combustible pour grandir, d'oxygène pour brûler, et de soins pour ne pas s'éteindre. Mais une fois que vous aurez réussi à raviver cette flamme, le monde semblera un peu moins sombre, un peu moins froid, et beaucoup, beaucoup plus possible. Et sachez que, dans ce feu sacré, vous trouverez non seulement le sens mais aussi la liberté de devenir la personne que vous avez toujours rêvé d'être.

Dans le grand orchestre de votre existence, l'intuition joue le rôle du chef d'orchestre. Invisiblement, elle guide chaque instrument, chaque mélodie, pour créer une symphonie qui est tout sauf aléatoire. Ce n'est pas le fruit du hasard, non, mais le résultat d'années d'expérience, de connaissance et de sagesse intuitive qui s'est accumulée dans le creux secret de votre esprit.

Imaginez un instant un labyrinthe, complexe et déroutant, avec ses murs impénétrables et ses passages sinueux. Vous vous tenez à l'entrée, et devant vous se trouvent des centaines de chemins possibles. Certains mènent à des impasses, d'autres à des pièges, et d'autres encore, au trésor tant convoité au cœur du labyrinthe : une vie pleine de sens, d'amour et de réalisation. Votre esprit rationnel vous dira de prendre une carte, d'analyser les itinéraires possibles, de faire une liste de pros et de cons pour chaque virage et intersection. Mais l'intuition, elle, chuchote différemment. Elle vous suggère d'écouter le souffle du vent, de ressentir l'énergie des pierres qui constituent les murs, de suivre l'éclat mystérieux qui semble émaner d'un chemin particulier. Et c'est ici que les choses deviennent fascinantes. Car suivre votre intuition n'est pas un acte d'abandon, mais de profonde confiance en votre moi intérieur. C'est comme plonger dans une piscine sans fond en sachant que, d'une manière ou d'une autre, vous émergerez à l'autre bout, plus sage, plus fort, plus épanoui.

Souvenez-vous de la première fois que vous avez ressenti une émotion forte en rencontrant quelqu'un. Ce n'était peut-être pas logique. Peut-être que sur le papier, cette personne n'était pas votre "type" ou ne remplissait pas les cases préconçues par la société. Et pourtant, quelque chose en vous a cliqué, une étincelle d'intuition vous disant que cette personne avait un rôle à jouer dans votre vie. C'est ce genre de compréhension qui transcende les mots et les explications, un sentiment viscéral qui vous dit que vous êtes sur la bonne voie. Mais l'intuition n'est pas une baguette magique qui résout tous les problèmes en un claquement de doigts. Elle est plutôt comme une lampe de poche dans une forêt sombre, éclairant les quelques pas devant vous mais pas toute la route. L'intuition peut vous donner des indices, des aperçus, mais elle demande aussi d'être alimentée par l'action, l'expérience et parfois même l'échec. Comme une plante rare qui pousse dans le jardin de votre âme, elle a besoin d'être nourrie, arrosée et protégée des éléments destructeurs du doute et de la peur.

L'intuition est cette étincelle de feu qui brûle en vous, toujours présente mais souvent négligée. Elle est la petite voix qui murmure à votre oreille lorsque vous êtes perdu, l'éclat brillant qui vous attire quand tout semble obscur, la flamme douce mais constante qui éclaire votre chemin dans les moments les plus sombres. Lorsque vous l'écoutez, lorsque vous lui faites confiance, elle devient un phare dans la nuit, un guide à travers le labyrinthe, un chef d'orchestre pour votre symphonie intérieure. Et à la fin du voyage, quand vous regarderez en arrière, vous vous rendrez compte que chaque virage, chaque croisement et chaque décision étaient comme des notes dans la partition de votre vie, tous orchestrés par cette merveilleuse et mystérieuse force appelée intuition. Alors, écoutez cette musique, suivez son rythme, et laissez-vous porter vers la magnifique destination qui vous attend.

Clé 4
La forêt des compétences

Bienvenue dans la Forêt des Compétences, une forêt luxuriante et foisonnante où chaque arbre est un trésor unique, tout comme vous. Imaginez marcher dans cette forêt, sentant le doux parfum de la terre, écoutant le chant des oiseaux et le murmure des feuilles dans le vent. Ce sont vos compétences et vos talents qui constituent cette flore majestueuse, vous savez. Chaque arbre représente une facette de votre être, une capacité ou une compétence que vous avez cultivée au fil du temps. La première étape de ce voyage sylvestre, c'est de reconnaître ces atouts. Vous seriez étonnée de savoir combien de femmes marchent dans leur propre forêt sans jamais vraiment observer les arbres autour d'elles. Elles voient peut-être un chêne robuste ou un saule pleureur, mais elles négligent les orchidées rares qui fleurissent dans les recoins ou les fougères qui offrent un abri.

Dans le contexte de la reconversion professionnelle, cette étape est cruciale. Vous devez reconnaître tous vos atouts, même ceux que vous pensez être insignifiants ou trop "normaux" pour être remarqués. Peut-être que vous avez un don pour l'organisation, incarné par un érable solide dont les branches sont parfaitement équilibrées. Ou peut-être possédez-vous une empathie profonde, symbolisée par un saule dont les branches semblent s'étirer pour offrir de l'ombre et du confort à tous ceux qui passent en dessous. Ces atouts ne sont pas seulement des compétences professionnelles ; ce sont des caractéristiques qui font de vous une personne complète et multidimensionnelle. Imaginez les exploiter non seulement dans un nouveau poste ou une nouvelle carrière mais aussi dans chaque interaction, chaque décision et chaque instant de votre vie. N'est-ce pas enivrant ?

Maintenant, comment faire cela ? D'abord, faites une pause. Respirez profondément et laissez l'air remplir vos poumons comme le vent nourrit les arbres. Prenez un carnet et un stylo et commencez à lister vos arbres, vos compétences. Ne vous censurez pas ; laissez votre instinct et votre intuition guider votre main. Vous serez peut-être surprise par ce qui émerge. N'oubliez pas aussi de demander aux personnes qui vous connaissent bien quels arbres elles voient dans votre forêt. Parfois, les autres peuvent voir des choses que nous ne voyons pas nous-mêmes. Et puis, il y a une certaine magie à entendre quelqu'un d'autre reconnaître et nommer vos talents.

Enfin, soyez prête à faire un voyage intérieur. Prenez le temps de vous promener dans votre forêt intérieure, d'explorer les coins et recoins, d'écouter les murmures du vent à travers les branches et les feuilles. Vous découvrirez peut-être des arbres que vous n'aviez jamais remarqués auparavant, des atouts qui attendent patiemment d'être reconnus et nourris. Votre Forêt des Compétences n'est pas un endroit figé ; elle est vivante, dynamique, en constante évolution. Alors, donnez-vous la permission de la voir sous tous ses angles, de l'apprécier dans toute sa complexité et sa beauté, et surtout, de reconnaître vos atouts. C'est vous qui avez planté chaque arbre, chaque graine dans ce sanctuaire sylvain, et il est temps de vous en attribuer le mérite.

L'art de l'apprentissage est une compétence qui peut sembler aussi insaisissable que le vent qui se faufile entre les arbres de notre forêt imaginaire. Imaginez-vous dans la Forêt des Compétences, mais cette fois, vous ne marchez pas seule, vous êtes accompagnée d'une petite équipe de bûcherons et de jardiniers, chacun spécialisé dans un domaine de la sylviculture. Parmi eux, il y a celui qui connaît le secret des racines, une autre qui parle aux arbres pour comprendre leurs besoins, et encore un autre qui semble avoir le don de savoir exactement où et quand planter une nouvelle graine. Ce sont vos mentors, vos guides, et ils incarnent l'art de l'apprentissage. Ils vous rappellent que chaque arbre a débuté comme une petite graine, chaque expertise comme une simple curiosité. L'apprentissage n'est pas qu'une question de collecte d'informations ; c'est un dialogue avec soi-même et avec le monde, un échange constant entre l'interne et l'externe. Comme l'arbre tire sa sève du sol et la transforme en feuilles, en fruits, et en fleurs, vous aussi vous absorbez les leçons de la vie et les transformez en compétences, en sagesse, en potentiel.

Vous êtes peut-être en train de vous demander comment dompter cet art, surtout lorsqu'il s'agit de changer de carrière ou de reconversion professionnelle. D'abord, abandonnez cette idée que l'apprentissage est un acte solitaire. Oui, votre forêt est unique, mais cela ne veut pas dire que vous devez la cultiver seule. N'hésitez pas à chercher des mentors, des guides, des personnes qui ont déjà foulé le sol de forêts similaires. Ensuite, embrassez l'incertitude. Une forêt n'est jamais un endroit prévisible ; elle est pleine de surprises, de défis et de cadeaux inattendus. De même, l'art de l'apprentissage est imprégné d'une beauté chaotique, un terrain fertile pour la croissance personnelle. L'incertitude n'est pas votre ennemie ; elle est votre partenaire de danse dans cette quête de compétence.

Et que dire de l'échec, cette bête sauvage qui rôde dans les ombres de la forêt ? Vous le rencontrerez, c'est inévitable. Mais sachez que chaque échec est une occasion d'apprendre, chaque obstacle une chance de se fortifier. Les plus grands chênes de votre forêt ont tous été secoués par des tempêtes, et pourtant, ils demeurent. Enfin, ne négligez jamais le pouvoir du repos. Même la forêt la plus dynamique a ses saisons, ses cycles de croissance et de repos. La culture de l'apprentissage constant, de l'ambition sans fin, peut être aussi épuisante pour l'esprit que la déforestation l'est pour une forêt. Accordez-vous le droit de respirer, de savourer vos progrès, de vous enraciner dans le présent.

L'art de l'apprentissage n'est pas tant un objectif à atteindre qu'un chemin à parcourir, parsemé de petits miracles, d'épiphanies discrètes, d'éclats de rire et de larmes sincères. C'est la voie de la Forêt des Compétences, une aventure qui vous mène toujours plus loin dans la découverte de votre propre paysage intérieur. Chérissez vos guides et apprenez comme seuls les grands explorateurs savent le faire : avec audace, avec émerveillement et, surtout, avec le cœur ouvert.

Dirigeons-nous à présent vers le vieil arbre de la sagesse, le véritable épicentre de la Forêt des Compétences. Imaginez-vous marchant dans cette forêt dense, les chants des oiseaux berçant vos pas, lorsque vous tombez sur cet arbre imposant, un chêne majestueux dont les branches semblent toucher le ciel et les racines pénétrer les abysses de la Terre. Son tronc est marqué par les décennies, peut-être même les siècles, et son feuillage abrite toute une écosystème de vie. En sa présence, on se sent humble, presque sacré. Cet arbre vous dit quelque chose. Non pas avec des mots, les arbres ont une autre manière de communiquer, mais avec une sorte de chuchotement intérieur, un murmure qui vient du plus profond de votre être. Ce que dit le vieil arbre est clair : la sagesse n'est pas qu'une accumulation d'informations, mais une harmonie, un équilibre entre ce que l'on sait, ce que l'on fait, et ce que l'on est.

Si seulement la sagesse pouvait être téléchargée dans notre cerveau comme une application ! Mais ce n'est pas le cas. La sagesse est le fruit de l'expérience, de l'erreur, de l'échec même. Elle est l'aboutissement d'un long périple, un voyage qui ne s'achète pas dans une boutique en ligne ni ne se condense en un séminaire d'une semaine.

Vous vous demandez peut-être comment un vieil arbre pourrait bien vous aider à naviguer le dédale de la reconversion professionnelle au féminin, ce processus souvent déroutant et émotionnellement chargé. Et pourtant, sa leçon est cruciale. Les choix que vous ferez dans ce processus de reconversion ne doivent pas être dictés uniquement par les attentes sociétales, les tendances du marché ou même votre propre anxiété face à l'avenir. Ils doivent émaner d'un lieu de sagesse intérieure, un endroit où vos compétences, vos passions, et votre intuition s'alignent en une symphonie silencieuse mais puissante. Écoutez bien le vieux chêne. Il vous rappelle que vous avez déjà en vous une forêt entière de compétences, certaines cultivées depuis des années dans votre domaine d'expertise, d'autres encore en germe, prêtes à être découvertes et nourries. Mais au cœur de cette forêt se trouve votre propre arbre de la sagesse, celui qui a su survivre aux tempêtes, résister aux parasites, et se nourrir à partir du sol de vos expériences passées.

La sagesse est la clé qui vous permettra de prendre des décisions éclairées, de distinguer les opportunités véritables des leurres séduisants, de savoir quand il est temps de prendre un risque et quand il vaut mieux attendre. Elle vous apprendra à écouter, vraiment écouter, non seulement ce que le monde vous dit, mais aussi ce que vous vous dites à vous-même.

Avant de quitter ce vieil arbre, prenez un moment pour vous enraciner, tout comme lui. Imaginez que chaque décision à venir est une branche de cet arbre, une extension de votre sagesse et de votre être. La reconversion professionnelle n'est pas une fuite ni un abandon, mais une évolution, un nouveau bourgeon sur une branche ancienne. Et comme vous reprenez votre chemin à travers la forêt, sentez ce murmure du vieil arbre vous accompagner, un doux rappel que la sagesse est le sol nourrissant sur lequel tout le reste pousse. Vous n'êtes pas seule dans cette quête ; la forêt elle-même marche avec vous, chaque arbre, chaque feuille, chaque racine une facette de la sagesse qui attend de s'épanouir en vous.

Il est temps de s'attarder un instant sur le murmure qui s'échappe des feuilles de cette forêt métaphorique, un son presque imperceptible mais omniprésent. Ce chuchotement, c'est le dialogue ininterrompu entre toutes les compétences que vous possédez, qu'elles soient évidentes ou dissimulées dans les recoins de votre expérience. Imaginez que chaque branche, chaque feuille de votre arbre de compétences soit en fait une antenne, captant et émettant des signaux vers les autres arbres environnants. Cette myriade de connexions évoque la manière dont vos compétences interagissent, s'adaptent, et finalement se transfèrent d'un domaine à un autre. Vous vous rendez compte que ce que vous avez appris en tant que manager peut en fait faire de vous un excellent négociateur. Ou que votre expérience dans le domaine de l'éducation peut vous doter d'une empathie et d'une patience rares, utiles dans bien d'autres sphères professionnelles.

Toutefois, le murmure des compétences transférables est subtil et facile à ignorer, particulièrement quand on se focalise sur les compétences "dures", celles qui se mesurent et se certifient. Mais ignorer ce murmure, c'est comme ignorer le vent qui s'engouffre dans les feuilles de votre arbre, celui-là même qui peut le faire pencher, voire le renverser, dans une direction imprévue mais pleine de promesses. Prenons un exemple. Supposons que vous soyez une experte en informatique qui a toujours aimé coder mais qui, en creusant un peu, découvre une passion pour l'écriture. Ce n'est pas un changement de cap total, non. Plutôt une nouvelle branche qui émerge, nourrie par la sève de compétences déjà existantes. Vous comprenez la logique, vous avez le sens du détail, et vous savez comment résoudre des problèmes complexes, toutes des compétences transférables qui peuvent faire de vous une excellente écrivaine technique, scénariste de jeux vidéo ou même auteure de romans à suspense.

Le monde moderne aime les étiquettes, les cases dans lesquelles il peut nous ranger. Mais ne vous y trompez pas, ces cases sont des illusions. Votre arbre de compétences ne se laisse pas si facilement catégoriser. Il évolue, s'étire vers la lumière et s'adapte au sol sur lequel il est planté. Vous avez le pouvoir d'être plus d'une chose, d'explorer plus d'une voie. En fait, c'est dans cette polyvalence que réside votre véritable force. Lorsque vous vous promenez dans votre Forêt des Compétences, tendez l'oreille. Écoutez attentivement ce murmure. Il pourrait bien être le vent de changement que vous attendiez, celui qui fera danser vos feuilles et révélera des horizons insoupçonnés. Ne laissez pas les compétences que vous jugez "mineures" être des feuilles mortes que vous abandonnez au sol. Au lieu de cela, faites-en des engrais pour nourrir votre terre, cette fondation riche et diversifiée sur laquelle vous pouvez toujours croître, peu importe la direction que prend le vent.

Clé 5
Le pont de la confiance

Imaginez-vous debout devant un ruisseau sauvage, les eaux tumultueuses vous séparant de la rive d'en face, où se trouvent tous vos rêves inexplorés, tous vos objectifs non atteints. Entre vous et cette rive, il y a un espace, un vide que seule la construction d'un pont peut combler. Ce pont c'est la Confiance. Et son architecture est l'auto-assurance. L'auto-assurance est comme le plan de construction de ce pont. Chaque détail, chaque jointure et chaque support en dépendent. Bien sûr, vous pourriez essayer de traverser sans ce plan, en rassemblant des rondins de bois à la hâte et en espérant que ça tienne. Mais pourquoi prendre un tel risque quand vous pourriez construire quelque chose de solide, quelque chose qui résistera à la pression et aux aléas du temps ?

L'architecture de l'auto-assurance commence par une fondation robuste. Imaginez que cette fondation est faite d'auto-acceptation et de connaissance de soi. Vous devez connaître le matériau dont vous êtes fait, ses limites, et comment il réagit à différents types de stress. Êtes-vous fait de pierre robuste mais rigide, ou de bois flexible mais moins résistant ? Chaque matériau a ses avantages et ses inconvénients, et le fait de les connaître vous permettra de construire un pont qui vous ressemble. Une fois la fondation en place, nous passons à la charpente, le squelette du pont. Cette charpente, c'est votre système de valeurs et vos principes. Ce sont les règles non négociables qui guident vos actions, même quand les choses se compliquent. C'est la ligne droite que vous ne franchirez pas, le cadre moral qui vous empêche de dériver dans les eaux troubles de la compromission.

Viennent ensuite les piliers, ces éléments massifs qui supporteront le poids du pont et garantiront sa stabilité. En termes d'auto-assurance, ces piliers sont vos compétences, vos talents, vos expériences, tout ce qui vous donne une raison objective de croire que vous pouvez accomplir ce que vous vous apprêtez à entreprendre. Sans ces piliers solides, le pont s'effondrerait sous son propre poids. Cependant, ces piliers ne sont pas seulement le reflet de vos compétences professionnelles ; ils incluent aussi votre empathie, votre sens de l'humour, votre résilience, tout ce qui fait de vous un être humain complet. Mais n'oublions pas les finitions : les balustrades, les éclairages, les décorations. Ces petits détails qui font toute la différence. Dans le contexte de l'auto-assurance, ce sont vos soft skills, votre capacité à communiquer, à établir des relations, à inspirer les autres. Ce sont ces qualités qui, bien qu'elles ne semblent pas indispensables, font souvent la différence entre un pont ordinaire et un chef-d'œuvre architectural.

Voilà votre pont de la Confiance, bâti sur l'architecture solide de l'auto-assurance. Ce n'est pas un jour, ni même une semaine, qui vous permettra de le construire. C'est le projet de toute une vie. Mais chaque jour passé à travailler sur ce pont vous rapproche de la rive d'en face, de ce monde d'opportunités encore inexplorées qui n'attend que vous pour se révéler. Ainsi, chaque boulon serré, chaque planche posée, est un pas de plus vers une version plus sûre et plus accomplie de vous-même.

Vous vous tenez maintenant devant le pont que vous venez de construire, ce superbe édifice d'auto-assurance et de confiance. À première vue, tout semble solide et en place, chaque poutre méticuleusement calculée, chaque détail soigneusement élaboré. Mais ce que l'œil ne voit pas, c'est que votre pont tient aussi grâce à des piliers invisibles. Ces piliers ne sont pas faits de béton ou d'acier ; ils sont tissés dans le tissu même de votre âme, et leur puissance n'est perceptible que pour ceux qui savent où chercher.

Le premier de ces piliers invisibles est le courage. Oh, le courage n'est pas l'absence de peur, mais plutôt la décision consciente d'agir malgré cette peur. Imaginez que vous êtes un funambule, les pieds chaussés de fines semelles, balançant d'un côté à l'autre sur une corde tendue au-dessus d'un précipice. La peur est là, elle vous tient par la gorge, mais vous avancez quand même. Pourquoi ? Parce que vous savez que chaque pas, aussi précaire soit-il, renforce la structure invisible de votre pont.

Il y a ensuite la gratitude. Trop souvent négligée, la gratitude est le ciment qui relie toutes les autres qualités ensemble. C'est elle qui vous rappelle d'où vous venez et tout ce que vous avez accompli. Elle agit comme une ancre, stabilisant votre pont lorsque les vents de l'incertitude soufflent fort. À chaque fois que vous vous sentez submergée par la grandeur de vos ambitions ou les difficultés de votre voyage, pensez à toutes les fois où vous avez réussi, à toutes les personnes qui vous ont soutenue, et à toutes les petites victoires que vous avez remportées. La gratitude vous recentre, et en cela, elle est un pilier inestimable.

Le troisième pilier est la flexibilité. Dans le monde du génie civil, les matériaux trop rigides ou trop fragiles sont évités dans la construction de ponts. De la même manière, une confiance trop rigide, trop ancrée dans des idées fixes, est susceptible de s'effondrer sous la pression. La flexibilité vous permet d'adapter votre pont aux circonstances changeantes de la vie, de réarranger vos plans lorsque nécessaire et de trouver de nouvelles façons de franchir les obstacles.

Enfin, le dernier pilier invisible est l'authenticité. Être authentique, c'est être en harmonie avec vous-même, c'est aligner vos actions avec vos valeurs et vos désirs. Lorsque vous êtes authentique, votre pont n'est pas seulement solide ; il est aussi beau, une extension naturelle de qui vous êtes. C'est un pont que vous pouvez traverser avec fierté, sachant que chaque pierre, chaque boulon, chaque morceau de bois reflète la vérité de votre être.

Ces piliers invisibles, le courage, la gratitude, la flexibilité et l'authenticité, sont les forces souterraines qui donnent à votre pont de la Confiance sa véritable résilience et sa beauté. Ils ne peuvent peut-être pas être vus, mais leur présence se fait sentir dans chaque pas que vous faites, dans chaque décision que vous prenez, dans chaque rêve que vous poursuivez. Et bien que ces piliers soient invisibles, leur impact sur votre vie est tout sauf cela. Ils sont les architectes silencieux de votre avenir, les sculpteurs discrets de votre destin. Gardez-les à l'esprit, et votre pont sera non seulement solide mais aussi magnifiquement, inoubliablement, irrésistiblement vous.

Vous avez franchi le pont de la confiance et vous vous trouvez au sommet d'une falaise qui surplombe une vaste étendue d'eau cristalline. Votre pied titube à la lisière de la roche, les doigts serrés sur une corde usée. Vous êtes là, hésitante, au bord du "grand saut" vers la confiance en vous.

La brise vous frôle le visage, comme pour vous inciter à aller de l'avant. Le "grand saut" est souvent un moment terrifiant, une mise à l'épreuve de tous les piliers invisibles qui composent votre architecture interne de confiance. Ce n'est pas simplement un acte de foi ; c'est une célébration audacieuse de la personne que vous êtes devenue et que vous espérez être. Et, oh, qu'il peut être libérateur ! Lorsque vous vous trouvez à ce point de non-retour, les doutes surgissent inévitablement, comme des démons rampants qui cherchent à vous tirer en arrière. "Et si je tombe en panne ? Et si je ne suis pas à la hauteur ? Et si je fais une erreur irréparable ?" Ce sont des questions légitimes, mais ici réside un secret : chaque grande aventure commence par un saut dans l'inconnu. Vous ne pourrez jamais tout contrôler, mais vous pouvez contrôler votre réaction face à l'imprévisible. Et c'est là que la magie opère.

Le saut n'est pas aveugle ; il est éclairé par la lampe de la préparation et du savoir. Vous avez traversé la forêt des compétences, vous avez appris à écouter le murmure des compétences transférables, vous avez forgé votre propre sagesse. Ces leçons, aussi subtiles qu'elles soient, sont les plumes à vos ailes. Elles ne rendent pas le saut moins intimidant, mais elles le rendent possible. Dans ce moment de pure suspension, où la gravité semble être suspendue et où le temps s'arrête, vous ressentez une euphorie indicible. Vous êtes en train de voler, de conquérir vos peurs, et de faire quelque chose que la vous d'hier n'aurait jamais cru possible. C'est un acte d'autonomisation, une preuve que tout le travail acharné, les épreuves et les tribulations, ont porté leurs fruits. Vous avez construit votre propre pont, et maintenant, vous le traversez d'un saut gigantesque.

Et lorsque vous atterrissez, éclaboussant l'eau en un millier de gouttelettes scintillantes, vous ressentez une joie ineffable. Ce n'est pas seulement parce que vous avez réussi votre saut ; c'est parce que vous avez fait quelque chose d'incroyablement audacieux. Vous avez écouté votre propre voix, vous avez suivi votre propre chemin, et vous avez fait le grand saut. Lorsque vous vous trouvez au bord de l'incertitude, n'ayez pas peur. Tenez-vous là, respirez profondément, et regardez droit devant vous. Le grand saut est moins une évasion qu'une invitation, une manière de dire à l'univers (et à vous-même) que vous êtes prête à vivre pleinement, sans excuses et sans regrets.

Imaginez à présent une vieille structure de bois, son armature usée par le temps, le vent et les marées. Ce pont, disons-le, a vu des jours meilleurs. Mais ce qui le rend toujours solide, ce sont les plaques et les poutres qui ont été remplacées au fil des ans, ajoutées et renforcées. Ce n'est plus le même pont qu'à l'origine, mais c'est un pont qui tient encore, fier et ferme. Le Pont de la Confiance est similaire. Au fur et à mesure que vous avancez dans votre voyage de reconversion professionnelle, chaque réussite, chaque petite victoire, vient renforcer votre structure de confiance. Ce ne sont pas de simples ajouts ; ce sont des renforts nécessaires qui vous aident à porter le poids de vos ambitions futures.

Prenez un moment pour vous remémorer vos succès passés, pas seulement dans le cadre professionnel, mais dans tous les aspects de la vie. Votre premier travail bien fait, la fois où vous avez résolu un problème complexe, le moment où vous avez triomphé d'un défi personnel, ou même le sourire sincère que vous avez offert à un étranger, provoquant un cercle vertueux de gentillesse. Chaque lueur de succès est une lueur de potentiel. L'astuce est que dans notre quête pour être toujours meilleures, nous avons souvent tendance à négliger ces triomphes. Nous les laissons se fondre dans le décor, comme des étoiles dans la lumière de l'aube. Ne faites pas cette erreur. Mettez-les en lumière, laissez-les briller en plein milieu de votre ciel intérieur. Quand les choses deviennent difficiles, ce sont ces étoiles qui éclaireront votre chemin. Considérez ces succès comme les mélodies d'une chanson dont vous êtes l'auteure et la compositrice. Chaque victoire est une note, isolée elle peut sembler insignifiante, mais en combinaison, elles créent une harmonie. C'est cette musique qui vous accompagnera lorsque vous vous tiendrez devant de nouveaux défis, plus imposants, plus intimidants. Et dans ces moments, la symphonie de vos réussites passées jouera comme un air de courage, résonnant dans l'architecture de votre confiance.

Mais comment cela se traduit-il dans votre aventure de reconversion professionnelle ? Lorsque vous plongerez dans de nouveaux domaines, vous ne partirez pas de zéro. Vous aurez votre sagesse, votre courage, vos compétences transférables, et surtout, vos succès passés. Ces triomphes sont des preuves tangibles que vous pouvez réussir, qu'il y a en vous une force inébranlable capable de surmonter les épreuves. La vie a cette manière poétique de répéter ses leçons jusqu'à ce que nous les comprenions vraiment. Donc, si vous avez réussi une fois, les chances sont que vous réussirez encore, peut-être de manière différente, dans un contexte différent, mais vous réussirez. En traversant votre Pont de la Confiance, prenez un moment pour vous arrêter et admirer les renforcements, les poutres robustes de vos succès passés. Ce sont eux qui feront toute la différence lorsque vous déciderez de faire le grand saut. Ils seront là pour vous rappeler que vous n'êtes pas juste un projet en cours, mais une œuvre d'art en constante évolution.

Clé 6
Le ciel du réseau

L evez les yeux et contemplez l'immensité du ciel nocturne, un champ d'étoiles scintillantes, chacune à sa propre place, chacune avec son propre rôle. Dans cette toile infinie, vous êtes l'astrolabe, l'outil ancestral utilisé pour naviguer selon les étoiles, traçant des connexions, mesurant des angles, esquissant une cartographie des opportunités et des relations qui vous attendent dans le vaste monde de la reconversion professionnelle. Et pourtant, pour pleinement exploiter cet astrolabe, il faut d'abord comprendre les connexions qu'il représente. Lorsque les anciens navigateurs levaient les yeux vers le ciel, ils ne voyaient pas seulement des points de lumière isolés, mais des réseaux de constellations, des repères dans un océan d'incertitudes. De même, chaque personne que vous rencontrez dans votre vie professionnelle n'est pas une étoile isolée, mais fait partie d'une constellation plus grande, d'un réseau interconnecté de possibilités.

Mais comment utiliser cet astrolabe pour tracer votre voie ? Eh bien, comme tout bon navigateur, vous commencez par orienter votre instrument. Dans notre contexte, cela signifie définir vos objectifs de reconversion. Voulez-vous une carrière dans un tout nouveau domaine ? Rechercher un meilleur équilibre entre vie professionnelle et vie personnelle ? Chaque objectif sera une étoile guide dans votre ciel personnel. Le deuxième pas consiste à observer, à mesurer. Quelle distance vous sépare de cette étoile guide ? Qui détient la connaissance ou les ressources qui pourraient vous aider à y arriver ? L'astrolabe de vos connexions vous permet de quantifier ces distances, de rendre concrets ces chemins obscurs. Posez-vous des questions sur la valeur que vous pouvez apporter aux autres et ce qu'ils peuvent vous apporter en retour. Après tout, l'échange mutuel est la quintessence de toute relation durable.

Mais L'astrolabe n'est efficace que si vous savez comment l'utiliser. La compétence d'établir des connexions significatives ne vient pas du jour au lendemain. Cela nécessite de l'écoute active, une empathie réelle, et parfois, un courage silencieux pour prendre des initiatives. On peut posséder le plus beau des astrolabes en or pur, si l'on ne sait pas l'orienter, il n'est rien de plus qu'un objet d'art. Et que se passe-t-il lorsque vous avez tracé votre carte, mesuré vos distances, aligné votre astrolabe avec votre étoile guide ? Vous prenez la barre, chères dames, et vous naviguez. Vous entamez cette conversation cruciale, vous envoyez ce courriel, vous osez cette introduction audacieuse.

Le réseau n'est pas seulement un carnet d'adresses remplies de noms. C'est un ciel vivant, respirant, un cosmos en constante évolution, où chaque nouvelle connexion modifie la configuration des étoiles, même si légèrement. Et dans ce ciel, votre astrolabe, s'il est bien utilisé, peut être l'instrument qui vous propulse vers des mondes inexplorés, à la rencontre de constellations encore inconnues, vers votre propre étoile guide. Prenez cet astrolabe, visez les étoiles, dans ce Ciel du Réseau, même le plus petit des mouvements peut créer une onde qui se propage à l'infini, vers des territoires que vous n'auriez jamais imaginés.

Et dans le grand théâtre céleste qui est notre réseau professionnel, deux acteurs se distinguent : les étoiles filantes et les constellations. Les premières sont éphémères, illuminant le ciel de leur éclat pendant un instant, alors que les secondes sont des figures immuables, qui nous guident à travers les saisons de notre vie.

Imaginez une étoile filante, cette lumière vive qui traverse le ciel en un éclair. Dans le cadre de la reconversion professionnelle, ces étoiles filantes pourraient être ces opportunités uniques, ces rencontres fugaces qui pourraient tout changer. Ce pourrait être une offre d'emploi inattendue, un mentor qui entre brièvement dans votre vie pour vous offrir des conseils clés, ou un atelier ou une formation qui vous donne exactement l'outil dont vous avez besoin. Le charme des étoiles filantes réside dans leur rareté et leur capacité à changer notre trajectoire d'une manière imprévue. Mais les étoiles filantes sont imprévisibles. Vous ne pouvez pas les planifier, vous pouvez seulement être prêt à les saisir quand elles apparaissent. Alors, comment faire ? Restez éveillé, gardez les yeux ouverts et votre esprit attentif. Renseignez-vous sur les événements de votre industrie, gardez vos profils professionnels en ligne à jour et, surtout, soyez prêt à prendre des risques calculés. Quand une étoile filante traverse votre ciel, vous n'aurez pas le temps de préparer un plan en 12 étapes ; vous aurez besoin d'agir rapidement et en toute confiance.

Maintenant, penchons-nous sur les constellations, ces ensembles d'étoiles qui forment des figures dans notre ciel professionnel. Contrairement aux étoiles filantes, les constellations sont stables ; elles sont les relations à long terme, les compétences durables et les connaissances approfondies qui vous guident dans les moments d'incertitude. Ce sont vos collègues de confiance, les membres de votre famille qui vous soutiennent quoi qu'il arrive, et les mentors qui sont là année après année. Ce sont aussi les compétences que vous avez affinées et qui sont transférables d'un emploi à un autre, d'un secteur à un autre. Ces constellations sont votre sécurité, le réseau solide qui restera plus ou moins constant alors que vous naviguez vers de nouveaux horizons. Mais ne prenez pas ces étoiles stables pour acquises. Elles aussi nécessitent un entretien, une attention, un soin. Les constellations peuvent s'étioler si elles sont négligées. Entretenez ces relations, continuez à investir dans vos compétences durables et n'oubliez jamais de regarder en haut pour vous orienter selon ces points de lumière fiables.

Le ciel du réseau est une merveilleuse juxtaposition d'éphémère et d'éternel, d'inattendu et de fiable. En le parcourant avec discernement et courage, en sachant quand suivre les étoiles filantes et quand se fier aux constellations, vous vous équipez des outils nécessaires pour naviguer dans les eaux parfois troubles de la reconversion professionnelle. Et toujours, dans ce voyage, vous êtes l'astrolabe, calculant les angles et les trajectoires, alliant la science et l'art de la navigation dans un acte de création continue. Chaque étoile, qu'elle soit filante ou une partie d'une constellation, apporte sa propre lumière à votre vie. Tenez votre astrolabe fermement, faites vos mesures avec soin, et lancez-vous dans l'art exquis de naviguer à travers les étoiles.

Et dans le vaste firmament de notre réseau professionnel, la Voie lactée est ce sillon laiteux qui s'étend à travers le ciel nocturne, formé de milliards d'étoiles trop lointaines pour être discernées individuellement. Cette galaxie est le véritable lieu de notre communication. En matière de reconversion professionnelle, vous n'êtes pas simplement une étoile isolée, mais un point lumineux au sein d'un vaste réseau de galaxies. Chaque échange d'informations, chaque interaction, chaque conversation est une étoile dans cette Voie lactée. Bien sûr, certaines étoiles brillent plus fort que d'autres, mais même la plus petite apporte sa lumière au paysage global. Tout comme un astrophysicien utilise un télescope pour explorer les détails de notre univers, nous avons à notre disposition divers moyens pour nous connecter au vaste monde de la communication professionnelle. Ce peut être un courrier électronique bien rédigé, une conversation lors d'un dîner professionnel, une publication sur LinkedIn ou même un blog que vous décidez de lancer pour partager votre passion.

La communication n'est pas seulement une question d'émission, mais aussi de réception. Dans le bruit de fond de la Voie lactée, comment assurez-vous que votre message soit entendu, qu'il atteigne la bonne constellation, la bonne étoile ? Ici réside le défi et l'art de la communication dans notre Voie lactée professionnelle. Vous devez non seulement connaître votre message, mais aussi votre public, votre "constellation cible," pour ainsi dire. Alors, comment parvenir à une communication efficace dans la Voie lactée de la reconversion professionnelle ? Tout d'abord, écoutez. Écoutez ce que disent les autres étoiles, les autres galaxies. Quels sont leurs besoins, leurs désirs, leurs défis ? Une communication efficace est bidirectionnelle ; elle requiert non seulement de parler mais aussi d'écouter.

Parlez le bon "dialecte galactique". Chaque secteur, chaque domaine a son propre jargon, ses propres coutumes de communication. Vous devez les connaître pour être compris. Mais n'allez pas vous perdre dans la complexité. Gardez votre message clair et concis, accessible aux novices et aux experts. Ne négligez pas le pouvoir des "ondes gravitationnelles", ces petites interactions qui, bien que subtiles, ont un impact profond. Un sourire, un signe de tête, même un emoji bien placé dans un courrier électronique, peut ajouter une nouvelle dimension à votre message. Et, surtout, soyez authentique. Les étoiles dans la Voie lactée se distinguent par leur propre lumière, leur propre composition chimique. De même, dans la galaxie de votre reconversion professionnelle, votre unicité est votre plus grand atout. Elle fera de vous une étoile mémorable dans le ciel d'un autre, une étoile qui pourrait un jour faire partie d'une nouvelle constellation.

La Voie lactée de la communication est complexe et pleine de mystères, mais elle est également riche en possibilités. Chaque interaction est une chance de briller, de faire partie d'un système plus grand, d'apporter votre lumière dans la vaste obscurité.

Dans notre métaphore astrale, pensez à présent à la force invisible qui maintient notre système solaire en harmonie. Cette gravité, dans le contexte de notre réseau professionnel, est constituée de recommandations, de confiances mutuelles, et des impressions laissées par nos interactions. Alors, que fait cette force pour nous dans notre quête de reconversion professionnelle, surtout pour vous, femmes aux aspirations variées et riches ? Imaginez que vous êtes une étoile en orbite au sein d'une constellation bien définie. Votre lumière a une certaine tonalité, votre éclat influence les planètes et autres objets célestes autour de vous. Vous êtes reconnue dans cette configuration. Mais voilà, vous avez décidé de changer de carrière. Vous aspirez à briller dans une autre constellation, un autre secteur. C'est ici que le pouvoir de la gravité sociale entre en jeu.

Le premier aspect de cette gravité sociale est votre "masse", l'impact que vous avez déjà eu sur votre réseau actuel. Si vous avez contribué de manière significative à votre constellation actuelle, les autres étoiles le ressentiront. Leur gravité sociale vous accompagnera dans votre mouvement vers une nouvelle sphère. Votre ancienne constellation sera une source d'histoires d'étoiles, de témoignages qui prouveront votre valeur, même dans une galaxie lointaine, lointaine. Il ne s'agit pas de statut, mais de substance, de ce que vous avez réellement apporté à ceux autour de vous. La gravité sociale crée aussi des "liens d'attraction", ces connexions spontanées qui semblent inexplicables mais qui sont si puissantes. Cela peut être une rencontre fortuite lors d'un événement de réseautage où vous trouvez soudainement une âme sœur professionnelle. Cette personne peut vous introduire à d'autres étoiles clés dans votre nouvelle constellation cible. Et parce que la gravité sociale de cette personne se combine à la vôtre, votre transition est facilitée, votre orbite stabilisée plus rapidement dans le nouveau réseau. Enfin, la gravité sociale joue un rôle clé dans la "synchronisation orbitale", l'alignement de vos objectifs et valeurs avec ceux de votre nouvelle constellation. Cela nécessite du temps et de l'effort. Il faut montrer que vous ne brillez pas seulement pour vous-même, mais que votre lumière peut embellir toute la constellation.

La gravité sociale est une force délicate. Elle doit être entretenue. Vous ne pouvez pas simplement vous attendre à ce que les autres vous tirent vers une nouvelle orbite sans rien donner en retour. La gravité sociale fonctionne sur le principe de l'équilibre. Pour être attirée, il faut également attirer. En cherchant à réorienter votre carrière, ne sous-estimez jamais le pouvoir de la gravité sociale. Elle pourrait être le véritable moteur de votre voyage, celui qui vous aidera à quitter votre constellation actuelle pour une autre plus conforme à vos nouvelles ambitions. Dans cette quête, chaque interaction compte, chaque impression laisse une marque, et chaque connexion a le potentiel d'éclairer un nouveau chemin. Naviguez avec sagesse dans ce ciel du réseau, c'est la danse céleste des étoiles qui fait la beauté de notre Voie lactée.

Clé 7
Le labyrinthe des choix

L e Labyrinthe des Choix, ce dédale mystérieux où chaque femme se trouve à un moment donné lorsqu'elle envisage une reconversion professionnelle. C'est un lieu d'incertitudes, mais aussi un domaine de découverte. Vous entrez dans ce labyrinthe armée de vos compétences, de votre réseau et de votre confiance, mais face à vous se dresse une série de chemins qui semblent tout aussi prometteurs et trompeurs. Le premier défi que vous rencontrerez dans ce labyrinthe est celui des "mirages des décisions". Ces illusions apparaissent comme de véritables opportunités, éclatantes de promesses et d'or, vous invitant à croire qu'elles sont la solution à tous vos problèmes. Mais les mirages sont des ombres d'une réalité à laquelle vous aspirez, non des passerelles vers cette réalité.

Imaginons que vous soyez une cartographe du 18e siècle. Vous disposez d'un parchemin inachevé sur lequel se dessinent les routes, les mers et les terres inexplorées de votre vie professionnelle future. Chaque mirage est comme une île que vous avez entendue décrite par des marins aux histoires fantaisistes, remplie d'or et de trésors incalculables. Il est tentant de diriger votre navire directement vers ces îles, en abandonnant la route moins scintillante mais plus authentique que vous étiez en train de tracer. Dans la vie réelle, ces mirages peuvent prendre la forme d'un poste qui semble parfait sur le papier mais qui ne correspond pas à vos compétences ou à vos aspirations profondes. Ou bien, il peut s'agir d'une formation coûteuse et prestigieuse qui promet une carrière réussie mais qui, en réalité, vous éloigne de votre essence et de ce qui fait votre singularité.

Il est important de démasquer ces mirages pour ce qu'ils sont. Posez-vous des questions introspectives pour les identifier. Est-ce que cette option me rapproche de mon moi authentique ? Est-ce que ce chemin respecte mes valeurs fondamentales ? Est-ce qu'il nourrit mes passions ? Et surtout, suis-je attirée par ce choix pour les bonnes raisons, ou est-ce simplement parce qu'il brille d'une lumière trompeuse ? Chaque illusion évitée vous épargne des années de détour et des trésors d'énergie que vous pourrez consacrer à des options plus alignées avec votre véritable soi. Ne soyez pas la navigatrice échouée sur une île déserte, dépouillée de ses ressources et éloignée de son véritable trésor, qui, dans ce cas, c'est vous-même, votre bonheur et l'impact que vous pouvez avoir sur le monde. L'évocation du mirage des décisions vous prépare à naviguer avec une boussole plus précise dans le labyrinthe de la reconversion professionnelle. V

Maintenant que vous avez identifié les mirages des décisions, vous vous retrouvez au cœur du Labyrinthe des Choix. Là, un nouveau défi vous attend, tel une créature mythologique cachée dans les ombres : le piège de l'indécision. Ce piège est tout aussi insidieux que les mirages, mais plutôt que de vous tromper avec de fausses promesses, il vous immobilise avec des chaînes invisibles de doutes et d'hésitations.

Imaginez que vous êtes un archéologue à la recherche d'un trésor inestimable dans les ruines d'une cité ancienne. Vous avez une carte, des outils, et votre intuition aiguisée. Mais voilà que devant vous se trouve une salle aux trois portes. Chacune mène peut-être au trésor, mais chacune pourrait également être truffée de pièges mortels. Vous savez que le temps presse ; la cité s'effondre lentement mais sûrement. Pourtant, vous restez là, devant ces portes, paralysée par la peur de faire un choix erroné. L'indécision, c'est ce moment d'hésitation. C'est la crainte que la porte que vous ouvrez ne soit la "mauvaise", le choix qui vous éloigne du trésor que vous cherchez, qu'il s'agisse d'un épanouissement personnel, d'une nouvelle carrière, ou d'une autre forme d'accomplissement. Alors, comment briser ces chaînes invisibles ?

D'abord, il est crucial de comprendre que l'indécision est souvent le fruit de la peur. La peur de l'échec, la peur du jugement, la peur de l'incertitude. Mais ce qu'on oublie souvent, c'est que ne pas choisir est également un choix en soi, et il a ses propres conséquences. Imaginez notre archéologue qui reste immobile ; la cité finira par s'effondrer, le trésor perdu à jamais. Sortir du piège de l'indécision commence donc par une conversation intérieure. C'est le moment de dégainer votre "fil d'Ariane du discernement", votre propre boussole intérieure. Posez-vous des questions honnêtes. Qu'est-ce qui me retient ? Quelle est la pire chose qui puisse arriver si je fais ce choix ? Le mieux ? Et surtout, quel serait le coût de l'inaction ? Mais n'oublions pas la magie d'une bouteille de vin partagée entre amis. Oui, parfois, les conseils d'une amie, d'une sœur, ou même d'une figure maternelle, peuvent agir comme un levier puissant pour vous aider à trancher. Parlez de vos options, pesez les pour et les contre dans le creuset du dialogue et de l'amitié. Vous seriez surprise de la clarté qui peut émaner de ces moments.

Ensuite, une fois que votre décision est prise, engagez-vous. Comme une aventurière qui pousse enfin la porte, soyez prête à affronter ce qui vient ensuite avec courage et détermination. Car même si ce n'était pas la "bonne" porte, chaque choix est une occasion d'apprendre, de grandir, et d'acquérir de la sagesse. Le trésor au bout du labyrinthe est une version de vous plus épanouie, plus sage, et plus heureuse. Et chaque choix, même ceux qui semblent erronés, vous rapproche de ce trésor.

Vous voilà désormais au cœur du Labyrinthe des Choix, éclairée d'une nouvelle compréhension du piège de l'indécision. Ce qui vous attend ici, c'est un nouveau défi, mais aussi une nouvelle opportunité : découvrir le fil d'Ariane du discernement. Dans la mythologie grecque, Ariane donne à Thésée un fil pour l'aider à sortir du labyrinthe après avoir vaincu le Minotaure. Ce fil, mesdames, est une métaphore splendide de votre propre discernement, un guide invisible mais indispensable dans le dédale de vos choix de vie et de carrière.

Imaginez une artiste, en pleine transition de carrière, debout dans une galerie d'art. Elle est entourée de toiles colorées, de sculptures diverses et de photographies à couper le souffle. Chaque œuvre représente une voie potentielle, une opportunité, une décision à prendre. Elle se demande laquelle de ces créations représente sa propre voie. Où est donc ce fil d'Ariane ? Le discernement commence par l'auto-connaissance. Quelles sont les couleurs qui parlent à votre âme ? Quels sont les motifs qui résonnent en vous ? Ce sont vos valeurs, vos compétences, vos passions, le tissu même de votre être. Quand vous les connaissez, vous pouvez les suivre comme un fil à travers le labyrinthe. Mais ce fil n'est pas seulement tissé de vous-même. Il est aussi teinté par les gens que vous aimez, par les expériences qui vous ont façonnée, et même par les échecs qui vous ont appris des leçons inestimables. Imaginez ce fil comme tissé de fils d'or, d'argent et de bronze, chacun représentant ces facettes diverses de votre vie.

Parfois, bien sûr, le fil semble se rompre, ou vous le perdez de vue. Ce sont les moments où les doutes et les peurs prennent le dessus, où le chemin semble trop difficile. Ici le discernement n'est pas seulement de suivre le fil, mais aussi de savoir quand s'arrêter, prendre une profonde inspiration et peut-être consulter votre propre " carte aux étoiles ", qu'il s'agisse d'un mentor, d'un proche, ou de votre propre intuition. Lorsque le chemin devient particulièrement déroutant, ne sous-estimez pas le pouvoir du recul. L'artiste dans la galerie ne verrait pas toute la beauté de l'œuvre si elle était collée à la toile. Prenez du recul, examinez le tableau dans son ensemble et voyez comment chaque choix, chaque pinceau de couleur, contribue au chef-d'œuvre en devenir qu'est votre vie.

N'oubliez pas que le fil d'Ariane du discernement est flexible. Il vous permet d'explorer, de faire des erreurs et de revenir en arrière si nécessaire. Le labyrinthe est moins un piège qu'un lieu d'apprentissage. Chaque détour, chaque impasse, même chaque échec, n'est qu'une autre étape vers la sortie, vers une nouvelle version de vous-même. Car chaque labyrinthe a une sortie, et chaque sortie mène à une nouvelle aventure. Ce fil que vous tenez, ce n'est pas seulement un guide hors du labyrinthe ; c'est aussi une connexion à la version la plus authentique de vous-même. Tenez-le fermement, suivez-le avec confiance, et il vous guidera vers des lieux que vous n'avez jamais imaginés.

Vous pensiez que les murs au cœur secret du Labyrinthe des Choix n'étaient là que pour vous dérouter, pour vous enfermer dans vos questionnements et vos incertitudes. Mais que diriez-vous si je vous révélais que ces murs, ces obstacles apparents, cachent des indices essentiels pour vous guider dans votre quête ? Vous avez suivi le fil d'Ariane du discernement, vous avez pris du recul, et maintenant, votre attention se porte sur les murs eux-mêmes. Les murs de notre labyrinthe imaginaire sont comme des fresques oubliées, couvertes de mousses et de lianes, mais révélant des dessins et des inscriptions, des récits qui peuvent vous éclairer. Prenons, par exemple, les marques du temps sur ces murs. Elles symbolisent vos expériences passées, vos échecs et vos triomphes. Si vous y prêtez attention, vous pouvez voir comment chaque rayure, chaque fissure, contribue à l'histoire globale du labyrinthe et à votre propre parcours. Plutôt que de voir ces marques comme des cicatrices, voyez-les comme des badges d'honneur, des enseignements. Ils font de vous la femme unique et résiliente que vous êtes aujourd'hui. Et ne sous-estimez jamais la valeur de la sagesse acquise !

Mais ce n'est pas tout. Il y a aussi des signes moins évidents, presque imperceptibles, comme des fragments de miroir incrustés dans la pierre. Vous vous y reflétez et voyez différentes versions de vous-même, celles que vous auriez pu être, celles que vous pourriez être. Ces miroirs ne sont pas là pour vous perdre, mais pour vous rappeler que vous avez toujours des choix. Chaque reflet est une opportunité de se réinventer, une invitation à la métamorphose. Et puis, entre les lianes et les mousses, vous découvrez des dessins, des symboles gravés dans la pierre par des mains inconnues. Ce sont les conseils et les encouragements de ceux qui ont parcouru ce labyrinthe avant vous. Votre mère, votre meilleure amie, une mentor, ou même une figure historique qui vous inspire. Leurs mots, ou plutôt l'écho de leur sagesse, vous rappellent que vous n'êtes pas seule dans cette aventure. Vous faites partie d'une lignée de femmes courageuses, fortes, et perspicaces.

Mais toutes les inscriptions ne sont pas aussi bienveillantes. Certaines sont des pièges, des doutes et des peurs incrustés dans votre esprit par la société, par des voix moins encourageantes. Apprenez à les reconnaître et à les décrypter pour ce qu'ils sont : des obstacles à surmonter, pas des vérités inébranlables. Lorsque vous vous sentez coincée dans le Labyrinthe des Choix, prenez un moment pour caresser ces murs apparemment indifférents. Écoutez leurs secrets, déchiffrez leurs énigmes. Ils sont vos alliés cachés, des complices silencieux dans votre quête de reconversion professionnelle. Chaque indice, chaque symbole, chaque reflet est une pièce du puzzle, une clé pour déverrouiller la porte vers votre prochaine grande aventure. Le vrai trésor n'est pas seulement la sortie, mais tout ce que vous découvrez sur vous-même en cours de route.

Clé 8
Le feu du changement

L e Feu du Changement crépite, il flamboie, il éclaire nos visages de lueurs orangées. Comme le feu de camp autour duquel se rassemblent des aventuriers après une journée de voyage, il incarne à la fois la fin et le commencement. Mais pour jouir de sa chaleur, il faut d'abord savoir danser avec la résistance. Imaginez-vous à cette fête flamboyante, les flammes dansantes comme un feu d'artifice permanent. C'est l'incarnation de la liberté, de l'évolution, et pourtant, au fond de la salle, vous sentez une tension palpable. Ce sont vos peurs, vos doutes, vos résistances qui rôdent comme des ombres menaçantes. Mais ici, au lieu de fuir ces ombres, pourquoi ne pas les inviter à danser ?

La résistance est un partenaire de danse coriace mais honnête. Elle vous pousse, vous tire, exige que vous soyez à votre meilleur niveau. Vous pourriez la voir comme une ennemie, mais elle est en fait votre meilleure enseignante. Chaque pas de danse, chaque pirouette vous donne un aperçu des limites que vous devez dépasser, des chaînes que vous devez briser. Ce n'est pas confortable, mais le confort n'a jamais été le sol fertile du changement, n'est-ce pas ? La musique s'intensifie, les rythmes prennent une tournure envoûtante. Vous vous trouvez dans un tango sensuel avec votre résistance. Vous apprenez ses mouvements, ses figures imposées. Vous découvrez que cette force qui semblait vous retenir a aussi le pouvoir de vous propulser en avant. À chaque fois que vous vous trouvez dans une position inconfortable, une pression inattendue, vous réalisez que vous avez la capacité d'en sortir, de pivoter, de créer une nouvelle figure, une nouvelle opportunité. La résistance vous chuchote à l'oreille : "Tu ne peux pas faire ça, c'est trop risqué, tu vas échouer." Mais au lieu de vous retirer, vous utilisez cette énergie pour exécuter un tourbillon, une figure que vous n'aviez jamais osé faire auparavant. Vous trouvez des espaces, des opportunités dans le mouvement même de la résistance. C'est là que réside le paradoxe : la résistance n'est pas là pour vous stopper, mais pour vous montrer où se trouvent vos limites actuelles et comment les franchir.

Ne soyez pas intimidée par les flammes rugissantes de la transformation ni par l'ombre menaçante de la résistance. Invitez-les à danser. Apprenez leurs mouvements, faites-les vôtres et utilisez cette connaissance pour vous élever, vous réinventer. Lorsque le Feu du Changement flambe devant vous, souvenez-vous que danser avec la résistance n'est pas un pas en arrière, mais un prélude à une élévation grandiose. C'est un ballet fascinant de craintes et de possibles, une danse qui n'a de fin que celle que vous lui donnerez. Une pirouette, un saut, un mouvement audacieux.

Le Feu du Changement a plusieurs langues de flammes, tout comme les mythes décrivent les dragons crachant le feu sous diverses formes. Chaque langue de flamme est une forme de réinvention, un dialecte différent dans le langage du changement. Les langues de la réinvention sont aussi variées que les nuances d'un coucher de soleil, et chacune possède sa propre poésie, sa propre musique. Assise autour du feu sacré, les flammes dansent, des étincelles montent vers le ciel comme des prières, et chaque langue de feu vous parle d'une voie de réinvention possible. Il y a celle qui murmure des vers de courage, une autre qui chante des mélodies d'audace, et une autre encore qui raconte des histoires d'amour-propre.

Le tout premier dialecte de ce feu est celui de l'Acceptation. C'est la flamme douce qui vous caresse et vous dit que tout commence par accepter qui vous êtes et où vous en êtes. Ce n'est pas un aveu de défaite, mais une déclaration d'authenticité. C'est dans cette acceptation que la transformation trouve son terreau fertile, que le changement trouve son carburant. Comme une langue maternelle, c'est par elle que vous comprendrez toutes les autres.

Puis il y a la flamme audacieuse de la Curiosité, quelle langue vivante et capricieuse elle parle ! Elle vous invite à poser des questions, à explorer des territoires inconnus, à déguster des mets exotiques de la vie. La curiosité vous demande de suspendre le jugement et d'ouvrir votre cœur à l'incertitude. Elle vous donne des lunettes magiques qui transforment les problèmes en puzzles, les obstacles en aventures.

La flamme suivante est celle de la Résilience. Parler cette langue, c'est comprendre que chaque échec est une étape, chaque chute une leçon, chaque douleur une école. La résilience vous permet de traverser les épreuves sans perdre votre essence, de passer à travers les flammes sans vous consumer. Elle a le goût du phœnix renaissant de ses cendres, l'arôme de l'écorce robuste survivant à l'incendie.

Et enfin, il y a la flamme mystique de la Liberté, la plus imprévisible des langues. Elle parle en rimes libres, en vers sans pieds, en phrases sans sujet. C'est la liberté qui vous permet de transcender les étiquettes, de rompre les chaînes, de briser les moules dans lesquels vous avez été versée. Elle vous donne la permission de vous réinventer encore et encore, sans demander l'approbation du monde.

Chaque langue de la réinvention est une danse différente, une nouvelle chorégraphie dans laquelle le changement et vous êtes les partenaires. Comme dans toute relation complexe, il y a des moments de tension et des moments de symbiose, des pas maladroits et des mouvements gracieux. La clé est de devenir polyglotte dans ce langage du changement. Parlez toutes ses langues, dansez tous ses pas. Et lorsque le feu du changement crépitera et que ses langues de flammes vous illumineront, vous saurez exactement comment répondre, comment être, comment devenir. N'est-ce pas enivrant, ce ballet des flammes, cette symphonie des possibilités ?

En plein milieu de la danse des flammes, alors que la musique du changement atteint son apogée, il y a cette étincelle, cette braise incandescente que l'on appelle le Soutien. Imaginez ce moment, au creux de la nuit, où vous êtes entourée d'un cercle de personnes bienveillantes, les gardiens de votre feu intérieur, qui alimentent les flammes de votre réinvention avec amour et encouragement. Ce cercle est la Chaleur du Soutien, et il peut élever votre feu à une tout autre dimension.

Personne n'est une île, surtout lorsqu'il s'agit de se réinventer. Vous avez besoin de bûches pour maintenir le feu, de souffles d'air pour oxygéner les flammes, et parfois d'un coup de main pour réorganiser les braises. Chacun de ces éléments représente une forme de soutien : familial, amical, professionnel, et même le soutien qui vient de vous-même. Mais il y a aussi des souffles de vent qui peuvent éteindre les flammes, des pluies inattendues qui menacent de noyer votre passion. Il y a des voix décourageantes, des regards sceptiques, des doutes insidieux. Et c'est là que la Chaleur du Soutien prend toute son importance. Comme un bon vieux plaid en laine enveloppant vos épaules, le soutien vous protège des éléments perturbateurs et vous donne la force de continuer.

Dans ce cercle de soutien, certains vous apportent la sagesse de l'expérience. Ils ont déjà traversé des incendies, des tornades, des tempêtes de neige, et ils savent comment naviguer à travers les éléments imprévisibles de la vie. Écoutez-les ; ils sont les ancêtres spirituels de votre feu, les gardiens du savoir ancestral. D'autres dans le cercle vous apportent le rire, le sourire, la joie. Ils sont le vent qui évente les flammes, l'oxygène qui donne vie à votre feu. Leurs éclats de rire sont les étincelles qui vous rappellent que même dans le processus de changement, il y a de la place pour la légèreté, pour la danse, pour le jeu. Il y a ceux qui vous tiennent simplement la main. Ceux qui sont là, dans le silence, dans l'écoute. Ils ne donnent pas de conseils, ils ne posent pas de questions ; ils sont simplement là, comme une présence chaleureuse, un rappel que vous n'êtes pas seule dans ce voyage.

Et vous aussi, vous faites partie de ce cercle. Le soutien que vous vous donnez à vous-même est peut-être le plus vital de tous. C'est la bûche centrale sur laquelle toutes les autres se reposent. Alors nourrissez ce feu avec compassion, avec amour-propre, avec respect. Soyez votre propre meilleure amie, votre propre confidente, votre propre mentor. La chaleur du soutien n'est pas une option, c'est une nécessité. Car même le plus robuste des feux a besoin d'être alimenté, même la plus flamboyante des danses a besoin d'un public.

Lorsque vous vous sentez entourée par cette chaleur, par cette communauté de flammes amies, le changement devient moins une épreuve et plus une célébration, moins un combat et plus une chorégraphie.

Chaque fois que vous vous réchauffez à ce feu de soutien, vous devenez aussi une partie de la chaleur de quelqu'un d'autre. Vous devenez une langue dans le feu du changement de quelqu'un d'autre, une braise dans le brasier de leur réinvention. Et c'est ainsi que le feu continue à brûler, de cercle en cercle, de vie en vie, de femme en femme. Le changement n'est pas un acte solitaire, mais un ballet magnifique, et la chaleur du soutien est la musique qui nous fait tous danser.

Vous avez dansé avec la résistance, vous avez parlé les langues de la réinvention, et vous avez ressenti la chaleur du soutien. Et maintenant, vous vous trouvez ici, au milieu de cet endroit silencieux et sombre. Les cendres, ce doux manteau gris qui recouvre le sol après que le feu du changement a tout consumé. Vous pourriez penser que ce sont les restes d'un passé révolu, un rappel de ce qui a été perdu. Mais il n'en est rien. Les cendres de l'ancien soi sont bien plus qu'un simple vestige ; elles sont un sol fertile, un lieu d'où une nouvelle vie peut germer. Et ne soyez pas effrayée. Les cendres ne sont pas le signe de la fin ; elles sont une promesse de renouveau.

Les cendres de l'ancien soi contiennent les éléments essentiels qui vous ont façonnée. Chaque éclat de charbon est un morceau de connaissance, chaque parcelle de cendre est une miette d'expérience. Ils sont les nutriments qui enrichiront le sol pour la prochaine étape de votre voyage. Vous vous souvenez de ces moments où vous avez trébuché, où vous avez douté, où vous avez échoué ? Eh bien, ils sont tous là, dans ces cendres, transformés en leçons précieuses. Les souvenirs, les joyeux et les tristes, les doux et les amers aussi ne disparaissent pas ; ils s'établissent ici, devenant le terreau riche sur lequel votre nouvelle identité prendra racine. Les cendres ne sont pas seulement le produit d'une destruction ; elles sont un mélange alchimique qui transforme le passé en potentiel.

Mais que faire de ces cendres ? Tout comme un jardinier attentif ajoute du compost à son jardin pour favoriser la croissance, vous devez vous aussi cultiver ce sol fertile. Plantez-y les graines de vos nouvelles ambitions, arrosez-les avec la passion et le dévouement, et bientôt, vous verrez de nouvelles pousses émerger. Des pousses qui deviendront des arbres, des arbres qui porteront des fruits. Et tout cela, à partir des cendres de l'ancien soi. Lorsque vous regardez ces cendres, ne voyez pas une fin, mais plutôt un commencement. N'y voyez pas une perte, mais une transformation. Et surtout, n'y voyez pas une solitude, mais une communion. Car chacun de nous porte en lui les cendres de multiples vies, de divers rôles, de différents mondes. En embrassant les cendres de l'ancien soi, vous rejoignez une confrérie secrète, une alliance tacite de phénix qui, comme vous, sont en quête d'une nouvelle aube.

Alors, lorsque vous vous tenez au milieu de ces cendres, rappelez-vous que vous êtes le feu et la terre, le passé et le futur, la fin et le commencement. Et avec une poignée de ces cendres précieuses, dessinez sur le sol le symbole de votre nouvelle aspiration, comme un rituel pour inviter la prochaine étape de votre transformation. Car les cendres ne sont pas la fin de l'histoire ; elles sont le prologue d'un nouveau chapitre encore plus fascinant. Un chapitre que vous êtes sur le point d'écrire avec les couleurs vibrantes de votre nouveau moi.

Clé 9

La plume du narratif personnel

Écrire son histoire n'est pas un acte banal ; c'est un enchantement, une manière de réarranger les constellations de notre propre univers. Chaque mot que vous choisissez, chaque phrase que vous construisez, est un acte de création qui prend sa place dans le grand récit de votre vie. Imaginez-vous assise dans une petite bibliothèque, une pièce emplie de livres anciens et de parchemins. Sur un vieux bureau en chêne, il y a une plume d'oie et un encrier. C'est un lieu de magie, et la magie est ce qui se produit lorsque vous commencez à écrire votre histoire.

À première vue, l'idée de rédiger son propre récit pourrait sembler simple, voire narcissique. " Qu'ai-je fait qui mérite d'être raconté ? ", vous demanderez-vous peut-être. Mais là se trouve la première illusion à dissiper. Vous n'avez pas besoin de faire l'ascension de l'Everest ou de naviguer en solitaire autour du monde pour avoir une histoire à raconter. Votre existence, dans sa plus simple réalité, est déjà un chef-d'œuvre d'intrigues, de personnages, et de leçons profondes. Chaque décision que vous avez prise, aussi minime soit-elle, est un grain de sable qui contribue à façonner le paysage de votre vie. Vous vous souvenez de ce job que vous avez quitté, ou de cette formation que vous avez suivie sur un coup de tête ? Ce sont les premières pierres sur le chemin sinueux qui est le vôtre. Chaque relation, chaque échec, chaque succès font partie de la trame complexe que vous tissez jour après jour. Alors, attrapez cette plume et commencez à écrire.

Écrire son histoire, c'est aussi une manière de reprendre le pouvoir. Vous avez peut-être subi des situations douloureuses, des revers de fortune, des moments de fragilité. Mettre ces événements en mots vous permet non seulement de leur donner un sens, mais aussi de vous en distancier. Vous devenez la narratrice, et non plus la victime. Vous contrôlez l'angle, le ton, le dénouement. Vous pouvez choisir de raconter une tragédie, ou une épopée héroïque. Le simple fait de prendre ce contrôle est libérateur. Et les personnages que vous rencontrerez en écrivant ! Des mentors aux antagonistes, des amoureux aux amis, chaque individu prend sa place dans le grand schéma. Vous commencez à voir les liens invisibles qui vous unissent, à comprendre leurs rôles dans votre propre développement.

Cependant l'exercice peut être déstabilisant. C'est comme ouvrir une vieille malle au grenier, pleine de souvenirs et de secrets. Vous pourriez trouver des choses que vous aviez oubliées ou volontairement ignorées. Mais n'ayez crainte, car ces découvertes sont des bijoux précieux. Ce sont les éclats de vérité qui font briller votre histoire, qui lui donnent de la profondeur et de la complexité. Prenez cette plume magique et écrivez comme si vous dessiniez une carte au trésor. Un trésor qui n'est autre que vous, dans toute votre splendeur, dans toute votre humanité. Vous découvrirez que rédiger votre histoire n'est pas simplement un acte d'auto-affirmation ; c'est un acte d'amour. Un amour pour la femme que vous êtes devenue, pour la femme que vous deviendrez, et surtout, pour la femme que vous êtes aujourd'hui.

Les archétypes sont-ils sont comme des costumes que l'on enfile à différentes étapes de notre parcours ? Vous avez joué la Sage lorsque vous avez conseillé une amie dans le besoin, ou l'Exploratrice quand vous avez plongé dans un projet inconnu. Et ces rôles, ils ne sont pas simplement des étiquettes que l'on colle ; ils sont les manifestations de forces intérieures, des idéaux qui nous guident et nous façonnent. C'est un plat riche et nuancé que nous avons là. Imaginez-vous dans un vieux cinéma aux fauteuils de velours rouge, la salle plongée dans une pénombre élégante. Le projecteur s'allume, et sur l'écran, défilent des personnages qui nous sont tous familiers : la guerrière, la sage, l'amante, l'outsider. Vous vous rendez compte que ces figures existent aussi dans le film de votre propre vie. Surprise, n'est-ce pas ?

En réfléchissant aux archétypes, il peut être tentant de choisir ceux qui paraissent les plus " respectables " ou les plus flatteurs. La Reine, par exemple, avec sa majesté et son autorité. Mais je vous incite à embrasser aussi les figures moins conventionnelles. Ceux-là même que l'on appelle les anti-héros. L'anti-héroïne est la rebelle, l'agitée, celle qui refuse de suivre le script que la société lui a donné. Elle a ses propres règles, et même si elles la mettent en porte-à-faux avec le monde, elle s'y tient. Quand elle apparaît dans votre vie, c'est souvent un signe qu'il est temps de secouer le cocotier, de remettre en question le statu quo. Et c'est là où la magie se produit. Car dans le conflit entre l'archétype et l'anti-héro, dans cette danse entre l'ordre et le chaos, on trouve l'énergie pour grandir, pour se transformer. Vous avez joué la Mère Nourricière pendant des années, sacrifiant vos besoins pour les autres ? Peut-être qu'il est temps d'invoquer votre Guerrière Intérieure, celle qui revendique ce qui lui appartient. Vous avez été l'Étudiante perpétuelle, toujours en train d'apprendre mais jamais prête à agir ? Que diriez-vous de flirter avec l'Artiste, celle qui crée pour le plaisir de créer, sans attendre la perfection ?

Comprendre ces archétypes et ces anti-héros n'est pas seulement un exercice intellectuel. C'est comme dénicher des vieux vinyles dans une boutique perdue, et découvrir que chaque disque joue une mélodie qui résonne en vous. Vous les écoutez et tout à coup, vous comprenez mieux vos motivations, vos actions, vos désirs. Ils vous donnent un langage pour comprendre votre propre complexité. Ne négligez pas les rôles que vous jouez et ceux que vous pourriez jouer. Ils sont les personnages de votre histoire personnelle, les gardiens de votre évolution. Les archétypes et les anti-héros sont les pinceaux avec lesquels vous dessinerez le tableau flamboyant de votre vie. Alors, quand vous vous assiérez pour écrire votre histoire, souvenez-vous que chaque coup de pinceau, chaque nuance de couleur, est un acte d'audace et de révélation. Vous êtes l'artiste et le chef d'orchestre de votre propre symphonie. Faites en sorte que chaque note compte.

Examinons à présent le pouvoir du langage. Ce médium fluide et insaisissable, semblable à un fleuve qui a son propre débit, ses propres courants. Il charrie des bateaux de significations, relie des continents d'idées et crée des vagues d'émotions. Dans le cadre de votre reconversion professionnelle, le langage n'est pas seulement un outil ; il est l'artisan même de votre univers, une baguette magique qui façonne votre réalité.

Laissez-moi vous emmener dans une bibliothèque labyrinthique, un espace presque mythologique où les étagères sont des arbres millénaires et les livres des feuilles d'or. Ici, les mots sont sacrés. Imaginez-vous parcourant cet espace, effleurant des doigts les colonnes de textes, en quête du mot juste. Trouver ce mot, le bon, c'est comme trouver une clé qui ouvre des portes verrouillées depuis des années. Cela peut éclairer votre chemin et révéler votre potentiel. Mais attendez, ce n'est pas aussi simple. Vous vous rendez compte que chaque mot que vous choisissez emporte avec lui un ensemble de connotations, de sous-entendus. Dire que vous êtes "ambitieuse" au lieu de "compétitive" peut modeler les perceptions des autres, mais aussi les vôtres. Dire que vous êtes "en transition" plutôt que "perdue" peut faire toute la différence dans votre propre estime et la manière dont vous abordez le changement. À ce point, vous comprenez que le langage n'est pas neutre. Il peut être un allié ou un ennemi. Un mot mal choisi, c'est comme une pierre jetée dans une étang calme ; il crée des ondes qui déforment la surface, qui troublent la clarté. Et dans le cadre d'une reconversion professionnelle, où tout est déjà assez compliqué, vous ne pouvez pas vous permettre ce genre de turbulence.

Vous poursuivez votre exploration et tombez sur un vieux grimoire, un manuel de sortilèges. Oui, les mots sont magiques ; ils peuvent créer ou détruire, élever ou opprimer. Ils ont le pouvoir de transformer la chair en pierre, la peur en courage, l'impossible en possible. Lorsque vous décrivez votre parcours, votre mission, vos aspirations, vous lancez des sortilèges qui modèlent votre réalité. Vous pouvez ainsi écrire votre histoire personnelle, non pas comme un fait accompli, mais comme un territoire en devenir, un jardin fertile en attente de semences. Maintenant, imaginez quitter cette bibliothèque avec un sac plein de mots magiques. Des mots comme "possibilité", "transformation", "courage". Vous les emportez dans le monde réel, où vous les épandez comme des pétales de fleurs sur le chemin de votre nouvelle vie. Et à chaque pas que vous faites, ces mots se transforment en éléments concrets, opportunités, connections, accomplissements.

Ne sous-estimez jamais le pouvoir du langage dans votre quête de réinvention. Choisissez vos mots avec soin, comme vous choisiriez des pierres précieuses dans un écrin. Utilisez-les pour construire le palais de votre future vie, une majestueuse structure où chaque mot compte, chaque phrase est une brique, et chaque paragraphe un pilier soutenant vos rêves. Le langage est votre matière première, votre outil et votre art. Prenez cette plume magique, et écrivez-vous dans l'existence avec toute l'audace et la beauté que vous méritez.

Et si votre vie était un livre, quelle serait la portée de sa bibliothèque ? Des rayons infinis où chaque épine dorée signifie un moment de triomphe, une leçon apprise, une bataille perdue ? Les chapitres écrits comptent, bien sûr, mais que dire des pages blanches, des marges gribouillées, des brouillons jetés au feu ? Les mémoires non écrites, les histoires qui n'ont pas trouvé leur chemin jusqu'à l'encre et au papier, ont aussi leur rôle à jouer dans la trame de votre reconversion professionnelle. Imaginez-vous dans un grenier poussiéreux, plein de malles et de cartons. Cet endroit, c'est la cachette de vos mémoires non écrites. Ici, chaque objet a une histoire silencieuse. Un vieux journal intime que vous avez abandonné parce que la vie est devenue trop chaotique, une photo froissée d'un ancien mentor qui vous a laissé tomber, une lettre jamais envoyée à l'emploi de vos rêves parce que la peur vous a pris à la gorge. Ce sont des fragments d'une autobiographie que vous n'avez jamais rédigée, mais qui demeure en vous comme un trésor enfoui.

Ces histoires non dites, ces rêves étouffés, ces peurs ignorées, bien qu'elles ne soient pas couchées sur le papier, ont une vie. Elles murmurent dans les coins sombres de votre esprit et jouent des scènes dans les théâtres de votre imagination. Elles sont comme des papillons nocturnes, captivants mais invisibles dans l'obscurité de votre vie.

Mais nous avons un choix ! Vous pouvez descendre dans ce grenier avec une lanterne magique appelée "introspection". À chaque coin où la lumière pénètre, les ombres se dissipent, révélant des facettes de vous-même que vous aviez oubliées ou négligées. Vous pouvez trouver des choses qui vous font frémir, des souvenirs que vous préféreriez laisser dans leur boîte. Mais vous pouvez aussi y trouver des trésors inattendus : des talents cachés, des aspirations étouffées, des parties de vous-même qui attendent le bon moment pour renaître. Éclairez ces mémoires non écrites, non pas pour vous perdre dans la nostalgie ou les regrets, mais pour les utiliser comme des pierres angulaires sur lesquelles construire votre nouveau chapitre. Réexaminez cet ancien rêve d'être artiste que vous avez rangé dans une boîte parce que quelqu'un vous a dit que ce n'était pas une "vraie carrière". Réfléchissez à cette relation professionnelle qui s'est mal terminée et voyez si le reflet de ces erreurs peut vous aider à mieux naviguer dans vos futurs partenariats.

Vous voyez, même si ces mémoires ne sont pas écrites, elles sont loin d'être oubliées. Elles sont comme des graines dans un sol fertile, attendant juste un peu de lumière et d'eau pour germer. Votre tâche est de les nourrir, de les arroser avec l'attention et la réflexion, jusqu'à ce qu'elles poussent en des plantes robustes qui enrichissent le jardin luxuriant de votre vie nouvelle. Ouvrez ces malles, dépliez ces vieux papiers, et laissez la lumière entrer dans ces recoins sombres. Vous pourriez être étonnée de ce que vous y trouverez, de la façon dont ces fragments d'histoires non racontées peuvent devenir les moteurs d'une aventure totalement nouvelle et magnifiquement écrite.

Clé 10
Le miroir du futur

Un miroir n'est pas seulement une surface réfléchissante ; c'est une fenêtre vers des mondes inconnus, des versions de vous-même qui n'attendent que d'être découvertes. Imaginez que vous vous tenez devant ce miroir magique qui peut vous montrer non seulement votre reflet, mais également vos aspirations les plus profondes. Maintenant, fermez les yeux, inspirez profondément et posez-vous cette question : qu'est-ce que vous voulez vraiment ? C'est une question redoutable qui peut sembler comme un labyrinthe sans fin. Mais ce n'est qu'en posant cette question que le miroir commencera à révéler les contours flous de votre futur. Lorsque vous ouvrez les yeux, imaginez que le brouillard sur la surface du miroir commence à se dissiper. Les formes deviennent plus claires, les couleurs plus vives. Qu'apercevez-vous ? Est-ce une vous-même en costume d'affaires, en train de diriger une réunion avec assurance ? Ou peut-être êtes-vous dans un atelier, la main couverte de peinture, exprimant votre créativité ? Chacun de ces reflets est un indice sur ce que vous aspirez à devenir.

Mais le miroir a aussi ses caprices. Il peut vous montrer des versions idéalisées de vous-même, des images qui, bien que séduisantes, sont peut-être déconnectées de la réalité ou des obstacles que vous devez surmonter. C'est là que réside le vrai défi : comment rendre ces images aussi proches que possible de la réalité ? C'est un peu comme ajuster le foyer d'une lentille jusqu'à ce que tout devienne net. La visualisation n'est pas seulement un exercice d'imagination ;

elle est également un outil puissant pour concrétiser ces ambitions. Prenez des mesures pour que ces reflets deviennent votre réalité. Notez ce que vous voyez, faites-en un plan, dessinez un chemin vers ce futur. Ne laissez pas ces images s'évanouir comme de simples mirages.

À chaque étape, revenez au miroir. Est-ce que les reflets ont changé ? Bien sûr, parce que vous aussi, vous avez changé. Vos ambitions évoluent, se façonnent et se redéfinissent à mesure que vous avancez dans votre voyage de reconversion professionnelle. La visualisation de vos ambitions est comme une danse avec votre futur soi. C'est un tango délicat entre ce qui est et ce qui pourrait être. Il ne s'agit pas de fixer des objectifs irréalistes ou de créer des images grandioses qui ne feront qu'alimenter vos insécurités. Non, il s'agit de se donner la permission de rêver, de regarder au-delà du présent et de s'émerveiller de ce qui attend de l'autre côté du miroir.

Lorsque vous vous tenez devant votre Miroir du Futur, ne vous contentez pas de regarder ; Voyez. Voyez les possibilités, voyez les défis et voyez les étapes nécessaires pour atteindre ces ambitions. Parce qu'au final, ce miroir ne montre pas seulement ce que vous pourriez devenir ; il reflète la personne que vous êtes déjà en train de devenir.

Imaginez maintenant que vous êtes dans une pièce aux murs miroités. Au début, vous pourriez être ébloui, déconcerté par ces multiples reflets. Où regarder ? Quelle version de vous-même suivre ? C'est là que le jeu des reflets devient fascinant. Il y a votre reflet en tant que mère, sœur, amie, entrepreneure, artiste, et bien plus encore. Chaque reflet est une facette de votre identité, une partie de l'équation complexe qui fait de vous ce que vous êtes. Le jeu des reflets n'est pas seulement de ce que vous voyez dans le Miroir du Futur, mais aussi de la manière dont ces reflets jouent entre eux, comme des ombres et des lumières dans un tableau mystérieux. Vous pensez peut-être que vous vous connaissez parfaitement, mais ce que le miroir reflète est souvent une révélation. C'est comme un kaléidoscope de soi-même, où chaque rotation révèle une nouvelle combinaison d'éléments.

Le défi est d'apprendre à naviguer parmi ces reflets sans se perdre en chemin. Parce qu'il est facile de devenir prisonnière d'un seul reflet, de se définir uniquement par un rôle ou une aspiration. Imaginez que l'une de ces parois en miroir vous attire comme un aimant. Vous êtes tellement captivée que vous en oubliez les autres facettes de vous-même. Voilà le piège. S'épanouir dans une reconversion professionnelle, c'est comme jongler avec ces reflets, savoir quand il est temps de passer de l'un à l'autre, de combiner deux ou trois pour créer une toute nouvelle image. Mais aussi complexe qu'un labyrinthe en cristal. Comment alors trouver votre chemin à travers ce dédale de reflets ? Il faut d'abord commencer par se poser les bonnes questions. Quels sont les reflets qui résonnent le plus en vous ? Y en a-t-il que vous avez négligés ou même oubliés ? Pourquoi ? La réponse est souvent contre-intuitive. Vous vous rendrez compte que le reflet qui vous semble le moins important est peut-être celui qui détient la clé de votre épanouissement. Cela peut être ce petit rêve que vous avez toujours écarté, en pensant qu'il n'était pas assez "sérieux" ou "réaliste". Mais rappelez-vous : dans le Miroir du Futur, même les plus petits fragments ont leur importance.

Faites de ce jeu des reflets une pratique régulière. Prenez du recul, observez les différentes versions de vous-même. Jouez avec elles, explorez les combinaisons. Demandez-vous : "Si je mélange mon amour pour l'art avec mon rôle en tant que mère, que puis-je créer ?" Ce sont ces questions qui vous aideront à tisser un chemin à travers le dédale des reflets, à trouver des connexions inattendues et à sculpter un futur qui est vraiment le vôtre. Lorsque vous maîtrisez le jeu des reflets, le Miroir du Futur devient moins un mystère et plus un partenaire de danse. Il vous suit et vous guide, reflétant non seulement qui vous êtes, mais aussi les innombrables possibilités de ce que vous pourriez devenir. Ainsi, ne craignez pas la complexité de votre propre reflet. Embrassez-le. Après tout, c'est ce kaléidoscope en constante évolution qui fait de vous une œuvre d'art unique en son genre.

Le Miroir du Futur n'est pas simplement un miroir. C'est plutôt une série de miroirs, chacun reflétant une route différente que vous pourriez emprunter. C'est un jeu de "et si ?", un terrain de jeu pour votre imagination. "Et si je décidais de suivre cette voie plutôt que celle-là ?" Chaque "et si" est un tremplin vers une version alternative de votre futur. Les "Scénarios Alternatifs", il s'agit d'une notion exquise, n'est-ce pas ? Un jour, vous pourriez être une artiste en herbe, le pinceau à la main, brossant des coups de couleur sur une toile vierge. Le lendemain, vous pourriez être une femme d'affaires, en tailleur élégant, écoutant attentivement lors d'une réunion cruciale. Dans un autre scénario, vous êtes peut-être une exploratrice d'expérience sensorielle, dégustant un plat délicieux dans un restaurant perdu au fin fond d'une ville étrangère. Vous pourriez vous dire que c'est là une manière trop fantasque de planifier une reconversion professionnelle. Que dans la "vraie vie," les choses ne fonctionnent pas ainsi. Mais détrompez-vous. Imaginer des scénarios alternatifs n'est pas un acte de fuite ou de naïveté.

C'est une stratégie brillante, presque comme une répétition générale pour la grande première de votre nouvelle vie.

Prenons, par exemple, l'idée d'une carrière dans le monde de la mode. Cela peut sembler un rêve lointain, surtout si vous venez d'un tout autre domaine. Mais jouez le jeu. Imaginez ce scénario en détail, comme si vous écriviez un script pour un film. Que ressentez-vous lorsque vous entrez dans l'atelier ? Quelle est l'odeur de la salle ? Qui sont les personnes qui vous entourent ? Comment se passe une journée typique ? Dans cet exercice, vous pourriez découvrir quelque chose d'inattendu. Peut-être que cette carrière, aussi glamour qu'elle paraisse, comporte des éléments qui ne vous conviennent pas. Ou au contraire, peut-être que vous découvrirez un aspect de ce métier qui vous enchante, quelque chose que vous n'aviez jamais envisagé auparavant. Mais ne vous arrêtez pas là. Jouez à nouveau le jeu avec un autre scénario. Cette fois, vous êtes une entrepreneure sociale qui veut résoudre des problèmes cruciaux du monde. Répétez le processus, plongez dans les détails. Avec chaque nouveau scénario, vous aiguiserez vos sens, vous affinerez vos désirs et vous clarifierez votre vision.

C'est une sorte de magie, mais pas celle qui s'appuie sur des baguettes ou des formules incantatoires. Non, c'est une magie beaucoup plus pratique, ancrée dans l'action et le discernement. En projetant votre conscience dans ces futurs possibles, vous en reviendrez avec des connaissances qui vous aideront à prendre des décisions plus éclairées. Il est fascinant de se dire que chacun de ces scénarios alternatifs pourrait très bien être une réalité tangible. La seule chose qui vous sépare de ces vies possibles, c'est une série de choix. Et n'est-ce pas le but ultime de ce Miroir du Futur ? Il ne vous donne pas des réponses toutes faites, mais il vous offre un éventail de chemins, chacun menant à une destination unique.

Imaginez à présent que vous marchiez dans une forêt enveloppée de brouillard. Vous ne pouvez pas voir très loin devant vous, mais chaque pas vous rapproche d'une clairière. Dans cette clairière, les fragments de demain brillent comme des lucioles, illuminant le chemin. Un sourire échangé avec une inconnue lors d'une conférence, le frisson d'excitation que vous ressentez en ouvrant un nouveau livre, l'odeur du café dans un petit café pittoresque où vous imaginez écrire votre premier roman. Les fragments de demain. Des petits bouts de rêve éparpillés comme des éclats de miroir sur le sol du temps. Ce ne sont pas des plans, non. Ce sont des indices, des énigmes, des suggestions qui attirent votre attention. Chacun d'eux est un fragment d'un tableau plus vaste, et le tableau, c'est vous, mais une version de vous qui existe dans le futur. Ces fragments sont comme des graines plantées dans le sol fertile de votre imagination. Parfois, ils semblent insignifiants, presque triviaux : une couleur qui vous captive, un parfum qui déclenche une avalanche de souvenirs, ou même une phrase entendue au détour d'une conversation. Mais prenez garde, ne les sous-estimez pas. Car ce sont ces petits morceaux qui composent le puzzle de votre avenir. Ce sont eux qui, une fois assemblés, dessinent le contour du tableau que vous allez peindre.

En termes de reconversion professionnelle, ces fragments peuvent revêtir une importance cruciale. Peut-être qu'un jour, en feuilletant un magazine de voyage, vous tomberez sur un article sur la vie des femmes entrepreneurs au Sri Lanka. Vous êtes émue, et quelque chose à l'intérieur de vous résonne. Voilà, un fragment a été saisi. Il se peut que cet article vous inspire à terme pour créer une entreprise sociale, ou pour collaborer sur des projets qui favorisent l'égalité. En capturant ces fragments, vous commencez à construire une mosaïque qui vous appartient. Leur cohérence peut ne pas être immédiatement apparente, et c'est normal. Vous n'avez pas besoin de voir toute la toile pour commencer à peindre. Chaque fragment recueilli est une touche de couleur ajoutée à votre œuvre d'art personnelle. Et chaque touche a sa raison d'être, même si sa signification ne vous est pas encore claire.

Le travail avec ces fragments demande une certaine audace, une volonté de suivre les indices même s'ils vous mènent hors des sentiers battus. Car c'est souvent là, dans les marges de la carte, que nous découvrons des trésors qui enrichissent nos vies d'une manière que nous n'aurions jamais pu prévoir. Ces fragments sont comme des étoiles filantes, ils peuvent disparaître aussi vite qu'ils sont apparus. Leur caractère éphémère vous rappelle que le futur est en constante évolution, toujours en mouvement. Munissez-vous de votre boussole intérieure et explorez cette forêt mystérieuse. Collectez ces fragments de demain et assemblez-les avec soin. Ils ne vous diront pas exactement où vous allez, mais ils vous offriront des aperçus de ce que pourrait être le voyage. Et dans ce voyage de reconversion ce sont souvent ces petits fragments qui rendent l'aventure si exquisément précieuse.

Clé 11
La montagne des défis

Nous voilà à l'orée d'une contrée fascinante, là où les défis abondent et où le vrai courage est forgé. Imaginez une montagne massive, des pics qui se perdent dans les cieux comme des doigts pointés vers l'infini. Sa majesté vous invite, mais aussi vous intimide. Ce n'est pas une simple colline sur laquelle on fait une promenade du dimanche, c'est une aventure en soi. Tout le monde connaît les sentiers bien tracés. Ce sont les chemins que tout le monde emprunte, des autoroutes de l'existence où l'on trouve des pancartes claires et des aires de repos bien équipées. Mais aujourd'hui, nous nous égarons sur les sentiers moins parcourus. Ceux qui sont enveloppés de broussailles et demandent de brandir votre machette d'audace. Pourquoi prendre un chemin ardu, vous demandez-vous ? Parce que c'est là que vous trouverez des fleurs que personne n'a jamais vues, des points de vue qui n'ont jamais été photographiés et, surtout, des parties de vous-même que vous n'auriez jamais découvertes autrement. Dans le cadre de votre reconversion professionnelle, ces sentiers représentent les risques calculés, les chemins de carrière moins conventionnels, les décisions qui font battre votre cœur un peu plus vite.

Oh, je peux entendre certains murmures d'appréhension. "Mais qu'en est-il des obstacles, des pièges, des impasses ?" Bien sûr, il y en a. Mais rappelez-vous, chaque pierre sur votre chemin est une chance d'apprendre comment sauter. Chaque chute est une occasion de maîtriser l'art de se relever. Prendre le chemin moins fréquenté vous oblige à être attentive, à affiner vos instincts, à devenir la version la plus agile et la plus résiliente de vous-même. Pour ceux qui sont en transition professionnelle, l'exploration de ces sentiers moins parcourus pourrait signifier de s'essayer à des freelances, de plonger dans des projets à impact social ou même de lancer cette entreprise de chocolat biologique que vous avez toujours rêvé de créer. Peut-être que vous serez la première femme dans votre domaine à adopter une certaine technologie ou à diriger une équipe internationale. Les possibilités sont aussi vastes que la montagne elle-même.

Alors, comment aborde-t-on ces chemins de traverse ? Avec préparation et intuition. Apprenez les bases, équipez-vous des bons outils, mais laissez aussi de la place pour l'inconnu. Vous devrez parfois naviguer à la lumière des étoiles, écouter le vent pour des indices, faire confiance à votre boussole intérieure lorsque tout le reste échoue. C'est un périple qui demande un véritable courage, celui de défier la norme, de braver l'inconnu, de risquer de se perdre pour se trouver vraiment. Mais quand vous arriverez à une clairière que personne d'autre n'a vue, quand vous toucherez des sommets auxquels personne d'autre n'a accédé, vous saurez que chaque égratignure, chaque bleu, chaque moment d'épuisement en valait la peine. Vous serez une pionnière dans votre propre vie, un explorateur dans le paysage de votre propre potentiel. Et là, dans le rugissement du vent et le frémissement des arbres, vous vous découvrirez. Vous vous élèverez, libre et invincible, sur votre propre Montagne des Défis.

Pourquoi la persévérance est-elle si importante, surtout dans la reconversion professionnelle ? Imaginez un alpiniste, équipé du meilleur matériel, mais qui abandonne à la moitié de l'ascension parce que ses muscles sont fatigués ou parce que les nuages s'amoncellent à l'horizon. Toutes les compétences, toute la préparation ne signifieraient rien sans cette ténacité silencieuse. Avoir le courage de continuer lorsque tout semble difficile, c'est le trésor le plus précieux que vous puissiez porter dans votre sac à dos émotionnel. Vous avez traversé les sentiers peu fréquentés, vous avez bravé les ronces et les embûches, mais nous sommes encore loin du sommet. Avant de continuer, arrêtez-vous un instant. Respirez. Car le souffle de la persévérance est ce qui alimentera la flamme de votre courage. Ce souffle est comme le vent dans les voiles d'un navire, ce courant d'air imperceptible mais puissant qui donne de l'élan à une montgolfière. C'est le second souffle qui arrive lorsque vous pensiez avoir tout donné.

Dans la sphère professionnelle, cela se traduit souvent par l'art de "continuer à continuer". Vous avez reçu une réponse négative à une demande d'emploi ? Respirez, et postulez en encore. Vous avez fait une erreur dans un projet important ? Respirez, apprenez, et rectifiez le tir. Votre entreprise vient de faire faillite ? Respirez profondément cette fois, puis tracez un nouveau plan. Mais ce n'est pas une tâche aisée, car le souffle de la persévérance peut parfois être coupé par les vents glacials du doute et de la déception. Cependant, comme un bon alpiniste sait comment trouver de l'oxygène dans un air raréfié, vous aussi devez apprendre à puiser dans des réserves intérieures que vous ne soupçonniez pas. C'est là que les leçons des précédentes clés viennent à votre secours. Vous vous rappelez de votre auto-connaissance, de vos compétences, de votre réseau de soutien, et vous respirez.

Vous savez, il y a une sorte de magie à persévérer. C'est comme si l'Univers lui-même commençait à conspirer en votre faveur lorsque vous refusez de céder. Les obstacles se transforment en opportunités, les échecs en leçons précieuses, les défis en autant de chances de montrer votre véritable valeur. L'ascension sera longue et parfois le sommet semblera perdu dans un nuage d'incertitude. Vous aurez des moments où vous voudrez tout simplement vous asseoir et laisser le vent vous emporter. Mais souvenez-vous, l'air à ces hauteurs, bien qu'épuisant, est aussi exaltant. Chaque respiration que vous prendrez sera une affirmation de votre esprit indomptable.

Reprenez votre souffle. Permettez à ce vent de persévérance de gonfler vos poumons, de renouveler votre énergie, et de vous pousser à gravir ces pentes redoutables. Lorsque vous atteindrez le sommet, et je sais que vous le ferez, ce sera ce souffle constant, ce souffle de persévérance, qui vous aura porté vers les hauteurs d'une nouvelle vie. Vous aurez non seulement gravi une montagne, mais vous vous serez aussi élevée à une version de vous-même aussi majestueuse et indomptable que ces pics qui vous semblaient autrefois si inaccessibles.

Nous y sommes presque ! Vous sentez ce frisson dans l'air, ce mélange d'épuisement et d'euphorie ? C'est le parfum de l'altitude, l'odeur des sommets de l'expérience qui se profilent à l'horizon. Quelle drôle de sensation que d'être si près du but, après avoir traversé les bas-fonds, grimpé des parois abruptes, et affronté les vents glacials de la persévérance. Le sommet est plus qu'un morceau de roche ou une vue panoramique, c'est le lieu sacré où vos efforts se cristallisent en une réalisation palpable, la preuve vivante que le voyage valait la peine. Le sommet est un tremplin, un point de vue d'où vous pouvez regarder en arrière et voir le chemin parcouru, mais aussi scruter l'horizon et entrevoir les prochains défis qui vous attendent.

Dans le contexte de la reconversion professionnelle, ces sommets peuvent prendre de nombreuses formes. Peut-être est-ce un emploi convoité que vous obtenez après des mois de recherche et de préparation. Peut-être est-ce un projet d'entreprise qui se concrétise enfin. Ou peut-être que c'est plus subtil : la première fois où vous vous sentez vraiment compétente dans votre nouveau rôle, où votre expertise est reconnue, où vous savez que vous avez fait le bon choix. Mais les sommets peuvent être trompeurs. Parfois, ce que l'on croyait être un sommet n'est en fait qu'un faux plat, une pause avant de nouveaux défis. Et même lorsque vous atteignez ce que vous croyiez être le sommet ultime, il y a toujours un autre pic, une autre aventure qui vous attend. Pourtant, ce n'est pas une raison pour négliger ces moments de gloire. Au contraire, ils méritent d'être célébrés !

Vous voyez, chaque sommet que vous atteignez ajoute une pierre à l'édifice de votre expérience. Vous devenez une meilleure alpiniste, une meilleure professionnelle, une meilleure version de vous-même. Et ces sommets, qu'ils soient petits ou grands, constituent des repères dans le paysage de votre vie. Ils vous rappellent de quoi vous êtes capable, surtout lorsque les pentes deviennent raides et que le chemin semble obscur. Il y a une beauté presque surnaturelle dans ces moments d'arrivée, où vous pouvez vous asseoir et contempler le monde en dessous, tout en vous remplissant des vents purs de la réussite. Ce sont des instants où le temps se dilate, où chaque seconde semble contenir une éternité, où chaque respiration est un mélange d'air et d'extase.

Dès que vous aurez atteint ces sommets de l'expérience, ne vous précipitez pas à redescendre. Laissez-vous submerger par le sentiment d'accomplissement, laissez votre esprit vagabonder parmi les nuages, laissez votre cœur se remplir de gratitude et de fierté. Car c'est là, dans ces moments suspendus entre ciel et terre, que vous trouverez la véritable essence de votre quête. Et lorsque vous repartirez, n'oubliez jamais cette vue, cette sensation, cette certitude que, oui, vous pouvez atteindre des hauteurs inimaginables. Gardez-les dans un coin de votre mémoire, comme un trésor à chérir, une source d'inspiration pour les jours où la montagne semblera trop haute, trop rude, trop intimidante. Une fois que vous avez touché les étoiles, même la terre ne peut plus vous retenir.

Imaginez, après avoir surmonté les hauteurs vertigineuses et les crevasses insondables de la montagne des défis, vous vous retrouvez soudain dans une vallée où le soleil brille plus doucement, où les eaux d'un lac scintillent comme des joyaux, où les arbres semblent danser au gré du vent, comme s'ils célébraient votre arrivée. Vous vous souvenez des contes de votre enfance, où les héros après leurs exploits trouvent une clairière enchantée pour reprendre des forces ? Et bien ces endroits magiques ne sont pas seulement des fragments de l'imagination ; ils existent bel et bien dans le voyage tortueux qu'est la reconversion professionnelle.

Vous enlevez votre sac à dos lourd de responsabilités et de doutes, et vous vous laissez tomber dans l'herbe tendre, savourant chaque respiration comme si c'était la première. Vous êtes dans la vallée de la récupération, l'endroit où votre esprit peut enfin se relâcher, où votre cœur peut cicatriser, où votre âme peut prendre un grand bol d'air frais. Ce n'est pas du luxe, c'est une nécessité. La quête de la reconversion professionnelle est une entreprise éreintante, physiquement et émotionnellement. Si vous grimpez sans relâche, sans jamais vous arrêter pour récupérer, vous finirez par vous épuiser. Et une alpiniste épuisée est une alpiniste vulnérable. Les vallées de la récupération ne sont donc pas des bonus optionnels sur votre chemin, mais des étapes cruciales pour maintenir votre équilibre et votre vigueur.

Alors, comment reconnaître ces vallées ? Parfois, elles se présentent sous la forme d'une pause entre deux emplois, un temps pour vous recentrer. Parfois, ce sont des vacances bien méritées, où vous pouvez échapper à la routine et renouer avec vous-même. Parfois, c'est aussi simple qu'une journée sans obligations, où vous pouvez vous adonner à des activités qui vous font du bien, loin des contraintes professionnelles. Mais ne confondez pas les vallées de la récupération avec des refuges pour échapper à la réalité. Ce ne sont pas des endroits pour fuir vos défis, mais pour vous régénérer afin de les affronter avec une nouvelle vigueur. Vous y venez non pas pour abandonner la montagne, mais pour mieux l'escalader.

Parfois, c'est dans ces vallées, lorsque vous lâchez prise, que les meilleures idées vous viennent, que les solutions aux problèmes qui vous tracassaient s'éclairent comme par magie. Il est comme si l'univers attendait que vous baissiez votre garde pour vous chuchoter ses secrets. Ainsi, quand vous atteigniez ces vallées de la récupération, n'hésitez pas à vous y attarder, à les explorer avec l'émerveillement d'une enfant qui découvre un nouveau monde. Buvez à la source de leur sérénité, imprégnez-vous de leur beauté, laissez-les vous guérir et vous fortifier. Et quand vous repartirez, gardez en vous un peu de leur magie, comme un talisman contre les épreuves à venir. Chaque montagne que vous gravirez sera suivie d'une vallée pour vous accueillir, chaque défi sera compensé par un moment de douceur. C'est le rythme même de la vie, une danse éternelle entre l'effort et le repos, entre la quête et la quiescence. Dansez, dansez comme si chaque pas était à la fois une conquête et une célébration, dans les hauteurs comme dans les profondeurs, dans les victoires comme dans les pauses.

Clé 12
L'aube d'une nouvelle vie

Voici venu le moment tant attendu, l'aube d'une nouvelle vie, et avec elle, l'apparition magique du premier rayon de lumière. Fermez les yeux et imaginez-vous sur la crête de cette montagne. Vous avez grimpé toute la nuit, à travers les ténèbres et les incertitudes, et vous vous tenez là, le cœur plein d'anticipation, les yeux rivés vers l'horizon. Puis, comme par miracle, la première lueur du jour perce l'écran de la nuit, d'abord timidement, puis avec une assurance grandissante. Ce premier rayon de lumière c'est le symbole même de tout ce que vous avez accompli, de tout ce qui vous attend encore. Ce rayon, c'est aussi la preuve que la nuit n'est pas éternelle. Vous avez traversé les ombres, les doutes, peut-être même des orages d'incertitude, mais voilà que le soleil commence à se lever, prouvant qu'après l'obscurité vient toujours la lumière. Cette lumière, c'est la métaphore parfaite de votre nouveau départ. C'est le moment où les pièces du puzzle commencent à s'assembler, où les questions sans réponses trouvent leur sens, où le flou laisse place à une vision plus claire de qui vous êtes et de ce que vous souhaitez devenir. Ce premier rayon n'est pas seulement une récompense pour vos efforts, c'est aussi un rappel que chaque nouveau jour apporte de nouvelles possibilités. La vie, dans sa générosité infinie, vous offre une nouvelle toile vierge chaque matin. Et ce premier rayon, c'est votre premier pinceau, votre première couleur, le premier trait de votre nouvelle œuvre d'art.

Alors, comment accueillir ce rayon de lumière dans votre vie ? Le secret, c'est de ne pas rester passive. Ce rayon ne fera que passer si vous ne tendez pas la main pour le saisir, pour l'incorporer dans votre être. Il est là pour éclairer votre chemin, certes, mais c'est à vous de marcher. C'est à vous de prendre ce nouveau jour et de le modeler selon vos désirs, vos rêves, vos aspirations. Cela peut commencer par de petits gestes : un sourire à un inconnu, un compliment sincère à une amie, une heure consacrée à une passion négligée. Mais ces petits gestes, accumulés, font de grandes différences. Ils sont les photons de votre rayon de lumière, les molécules qui, ensemble, forment une lumière éclatante, capable de dissiper les ténèbres les plus profondes. N'oubliez pas non plus que ce premier rayon est une invitation à la gratitude. Être témoin du lever du soleil, c'est un privilège, un miracle quotidien que beaucoup ignorent ou négligent. C'est un rappel que, même dans les moments les plus sombres, la lumière est toujours à portée, attend simplement d'être remarquée, accueillie, chérie.

Lorsque vous vous tenez là, sur votre montagne personnelle, le visage baigné par ce premier rayon de lumière, laissez vos peurs s'évaporer, laissez votre cœur s'ouvrir, et respirez. Respirez ce nouvel air, empli de promesses et de possibilités, et sachez que ce n'est que le début de quelque chose de grand, quelque chose de magnifique, quelque chose de lumineux. Vous êtes prêtes pour l'aube d'une nouvelle vie.

Et vous l'entendez, le chant des oiseaux du courage ? Là, dans les branches des arbres, sur le toit d'une maison, ou peut-être tout près de votre fenêtre. Ces petits maestros à plumes sont les véritables hérauts de chaque nouvelle journée. Leur chant mélodieux brise le silence de l'aube et s'élève dans le ciel comme une partition d'espoir et de bravoure. Ce sont eux qui nous rappellent que chaque jour est une aventure, un défi, une toile à peindre. Vous avez traversé tant de choses, de l'obscurité à la lumière, du doute à la certitude, et chaque étape de ce voyage mérite d'être célébrée. Et comment mieux célébrer qu'avec un chant ? Un chant de courage, un hymne à la vie et à toutes ses merveilleuses incertitudes. Vous vous demandez peut-être ce que ces oiseaux ont à faire avec le courage. Le courage ne réside pas dans l'absence de peur, mais dans la capacité de continuer malgré elle. Ces petits êtres ailés, qui bravent le vent et la pluie pour chanter leur hymne matinal, incarnent cette essence même du courage.

Vous avez votre propre chant, un chant unique qui vous appartient. Il n'est peut-être pas composé de notes et de mélodies, mais plutôt de choix, d'actions, de rêves et de désirs. C'est votre voix intérieure, celle qui vous pousse à prendre des risques, à sortir de votre zone de confort, à grimper votre propre montagne de défis. Et c'est cette voix qui mérite d'être entendue, amplifiée, célébrée. Ce chant n'est pas réservé aux oiseaux. Il peut être le vôtre. Vous pouvez le répéter dans votre tête, l'écrire dans votre journal, le partager avec vos proches. Laissez ce chant de courage être votre boussole, vous guidant à travers les tempêtes de la vie, les vallées de doute et les sommets d'espoir. Laissez-le vous rappeler que vous êtes forte, capable et digne de tout ce que ce monde a à offrir. Lorsque vous vous sentez perdue ou submergée par les défis de la vie, fermez les yeux et écoutez ce chant. Visualisez chaque mot, chaque note, comme un oiseau prenant son envol. Imaginez que ces oiseaux du courage sont vos guides, volant devant vous pour vous montrer le chemin vers le nouveau chapitre passionnant de votre vie. Et n'oubliez pas que ces oiseaux ne chantent pas seuls ; ils sont nombreux, formant une chorale d'espoir et de bravoure. Vous n'êtes jamais seule dans cette aventure. Vous êtes entourée d'une foule d'âmes courageuses, toutes unies par leur propre chant unique, et ensemble, vous pouvez affronter tout ce qui se présente à vous. Chantez votre hymne de courage, d'espoir et d'aventure. Car à l'aube d'une nouvelle vie, votre chant est le plus beau cadeau que vous pouvez vous offrir. C'est une mélodie qui restera gravée dans les annales de votre existence, un refrain qui retentira longtemps après que les dernières notes se soient dissipées dans le vent du matin. Chantez, et sachez que vous êtes prête pour ce nouveau jour, ce nouveau départ, cette nouvelle vie.

Imaginez que votre âme soit un jardin luxuriant. Parfois, les saisons de la vie peuvent le rendre un peu terne, un peu aride. Les arbres de vos ambitions peuvent commencer à perdre leurs feuilles ; les fleurs de votre joie pourraient commencer à se faner. Mais comme la nature elle-même, votre jardin d'âme a le pouvoir de renaître, grâce à une énergie renouvelée. Avez-vous déjà observé la façon dont l'aurore se brise contre le paysage nocturne, injectant lentement mais sûrement de la couleur dans un monde endormi ? Elle arrive avec une énergie nouvelle, celle qui chasse les dernières traces d'obscurité, réchauffe la terre froide et suscite un esprit de renouveau. L'énergie ! Ce mystérieux carburant qui alimente nos âmes, recharge nos esprits et anime nos corps. Lorsqu'il s'agit d'écrire le prochain chapitre de votre vie, le renouveau de cette énergie est un aspect essentiel. Nous avons tous nos propres "sautes d'énergie", des moments où nos réserves semblent épuisées, où la vie nous semble être une pente raide sans fin. Et pourtant, paradoxalement, c'est souvent dans ces vallées obscures que nous trouvons les sources secrètes qui peuvent nous recharger. Des sources cachées de vitalité, des oasis d'espoir, des éclairs soudains d'inspiration qui illuminent notre chemin. Un mot d'encouragement, une rencontre fortuite, un livre qui nous parle comme s'il avait été écrit juste pour nous : ce sont ces petits miracles qui revigorent notre énergie.

Là, à l'aube de votre nouvelle vie, se tient un moment de réflexion, une opportunité de réexaminer vos réservoirs énergétiques et de comprendre ce qui les remplit et les vide. Certains trouvent une énergie nouvelle en se reconnectant avec la nature, en sentant le rythme régulier des vagues de la mer ou en s'imprégnant de la sérénité d'une forêt silencieuse. Pour d'autres, c'est le frisson d'une nouvelle compétence, l'éclat de la création ou l'ardeur d'une cause qui donne un sens à leur vie. L'énergie n'est pas une ressource finie qu'on peut simplement épuiser ; elle est un courant cyclique qui circule en nous. Le secret réside dans la façon dont nous gérons ce courant, dans les barrages que nous construisons pour le diriger, dans les turbines que nous installons pour le transformer en une puissance utilisable. Et lorsque nous alignons cette énergie renouvelée avec nos aspirations les plus profondes, quelque chose de magique se produit. Notre jardin intérieur, autrefois assombri par les ombres du doute et de la peur, commence à fleurir à nouveau, chaque pétale, chaque branche irradiant l'énergie resplendissante de mille soleils.

Vous êtes l'architecte de ce jardin. Vous avez le pouvoir de planter de nouvelles graines, de nourrir d'anciens arbres, et surtout, de diriger le flux d'énergie de manière à ce qu'il arrose chaque coin et recoin. C'est l'essence du renouveau de l'énergie : une invitation à devenir l'ingénieure de votre propre âme, à cartographier les cours d'eau de votre esprit, et à construire les ponts qui vous mèneront à la prochaine merveilleuse étape de votre voyage. Sentez ce courant d'énergie circuler en vous. Laissez-le vous guider à travers les terres non découvertes de votre potentiel, et sachez que vous êtes, et avez toujours été, votre propre source inépuisable d'énergie renouvelée.

Vous vous tenez au seuil d'un nouveau jour, et la rosée matinale adoucit le sol sous vos pieds. C'est l'aube d'une nouvelle vie, et chaque goutte d'eau sur chaque brin d'herbe est comme un miroir, reflétant les possibilités infinies qui s'étendent devant vous. C'est ici, avec le monde qui commence à s'éveiller, que vous faites le premier pas. Un premier pas crucial, car il est bien plus qu'un simple mouvement physique. C'est une déclaration d'intention, une affirmation que vous êtes prête à entrer dans le nouveau chapitre de votre vie. Faire ce premier pas, c'est comme mettre les pieds dans une mer d'incertitude. Vous pouvez ressentir l'appréhension, ce petit pincement dans le ventre. C'est tout à fait normal. Après tout, même les marins les plus endurcis ressentent un frisson d'incertitude lorsque leur navire quitte le port. Mais n'oubliez pas, le port n'est pas la destination. C'est un endroit confortable, oui, mais il n'est pas fait pour l'ancrage éternel. Votre navire, cette belle construction qu'est votre vie, est fait pour naviguer, pour découvrir des horizons lointains.

Voyez-vous, ce premier pas dans la rosée matinale est un acte sacré. C'est une communion avec la Terre, un pacte silencieux avec l'Univers. Vous êtes en train de dire : "Je suis là. J'existe. Et je suis prête à embrasser ce qui vient ensuite." Le sol humide sous vos pieds est une mémoire physique de ce moment, un rappel que même la Terre elle-même est en perpétuel changement, se nourrissant de l'eau du ciel pour apporter la vie nouvelle. Et ce n'est pas un pas que vous faites seule. Non, chaque pas que vous faites est guidé par les traces de celles qui sont venues avant vous, celles qui ont bravé leurs propres aubes et traversé leurs propres royaumes de rosée. Elles vous parlent à travers le murmure du vent et le chant des oiseaux, vous disant, "Vous pouvez le faire. Vous n'êtes pas seule."

Ce pas initial marque également le début de votre engagement avec vous-même. Vous vous engagez à être le cartographe de votre propre vie, à faire face aux embûches, aux virages serrés et aux terrains accidentés avec courage et résilience. Et au fur et à mesure que vous avancez, chaque pas suivant devient un peu plus facile, un peu plus assuré, jusqu'à ce que vous réalisiez que vous ne marchez plus simplement ; vous dansez !

La rosée commence à s'évaporer, transformée par les premiers rayons de lumière. De la même manière, votre incertitude commence à se dissiper, remplacée par une confiance croissante qui vient de savoir que vous avez fait le pas le plus important de tous : le premier. Sentez le sol sous vos pieds, respirez profondément l'air frais, et sachez que chaque étape est un miracle en soi, une occasion d'être étonné, une chance de devenir la meilleure version de vous-même. Quel beau jour pour une nouvelle aventure, n'est-ce pas ?

L'aurore de l'action

Nous voici enfin arrivées à ce point sublime où les mots ne sont plus suffisants pour contenir l'ampleur de la transformation qui vous attend. L'Aurore de l'Action, ce moment suspendu où le ciel s'éclaire d'une lueur timide mais prometteuse, est à votre porte.

Le trésor d'être soi-même, dans un monde en perpétuel changement

Si la vie était une quête, alors être soi-même en serait le trésor ultime. Les 12 Clés ont été votre carte, mais le trésor, c'est vous. Vous dans toute votre splendeur, dans toute votre complexité, dans toute votre authenticité. Et ce trésor brille d'autant plus dans un monde constamment en mouvement, comme un phare dans la nuit, guidant les navires égarés. Votre lumière intérieure illumine non seulement votre chemin, mais éclaire aussi ceux qui vous entourent.

Chaque Clé que vous avez explorée est un fragment d'un tout plus vaste, un jigsaw du bonheur et de l'accomplissement. De la première Brise de l'Auto-Connaissance à l'Océan des Possibilités, du Feu du Changement à l'Aube d'une Nouvelle Vie, chaque Clé est une invitation à ouvrir des portes inexplorées de votre être. Ensemble, elles forment une carte de l'âme, un guide pour vous aider à naviguer à travers les méandres de la vie avec une grâce ineffable.

Si ce livre a été une boussole, alors elle pointe vers un futur rayonnant d'opportunités. Ce futur n'est pas gravé dans la pierre ; il est fait d'argile, prêt à être modelé par vos mains douces mais fermes. Les opportunités sont comme des étoiles filantes dans le ciel du réseau ; il vous suffit de lever les yeux et de faire un vœu. Votre avenir est une toile vierge, et vous avez en main tous les pinceaux et les couleurs pour en faire un chef-d'œuvre.

Nous voici au commencement d'une nouvelle aventure. Parce que les Clés ne sont pas seulement des concepts abstraits à méditer, mais des outils tangibles pour l'action. Le monde attend votre marque, votre touche, votre lumière. Vous êtes prête, et vous le savez. Tout ce qui reste à faire, c'est de passer à l'action. Levez-vous et dansez sous la lumière naissante de cette aurore nouvelle. Étirez vos bras vers le ciel comme si vous pouviez toucher l'avenir lui-même. Chaque jour est une vie en miniature, une opportunité de renaissance, de renouveau et d'incroyable émerveillement. Vous êtes à la fois le voyage et la destination, le questionnement et la réponse, le rêve et la réalité. Dans ce monde en perpétuel changement, vous êtes le seul constant, et quel magnifique constant vous êtes.

C'est l'aurore de votre action, l'instant où le premier rayon de lumière perce le voile de la nuit et annonce un nouveau jour. L'horizon vous appelle. Vous avez toutes les Clés en main. Il est temps d'ouvrir la porte.

Ouvrez-la, et soyez éblouies par la splendeur qui vous attend.